Larry und Phyllis McDaniel

Die Gabe des inneren Sehens

Larry und Phyllis McDaniel

Die Gabe des inneren Sehens

Wie man sie schult und anwendet

Verlag Hermann Bauer
Freiburg im Breisgau

Die Deutsche Bibliothek – CIP-Einheitsaufnahme

MacDaniel, Larry:
Die Gabe des inneren Sehens : wie man sie schult und
anwendet / Larry und Phyllis McDaniel. [Aus einem
amerikan. Ms ins Dt. übers. von Martina Penz-Koch]. –
2. Aufl. – Freiburg im Breisgau : Bauer, 1995
   ISBN 3-7626-0482-7
NE: MacDaniel, Phyllis:

Die in diesem Buch beschriebenen Methoden und Techniken sind mit
Sorgfalt zusammengestellt und lange erprobt. Dennoch übernehmen
weder die Autoren noch der Verlag Verantwortung dafür, wie diese
Techniken gebraucht werden. Sollten bei einem Reading Gesundheits-
probleme deutlich werden, ist das Hinzuziehen eines Arztes in jedem
Falle ratsam. Wenngleich die hier beschriebenen Techniken in zahlreichen Seminaren mit einer Vielzahl von Personen angewendet wurden
und eine hohe Erfolgsquote erbrachten, so kann dies für den Einzelfall
bei jeder der Techniken und Methoden doch nicht garantiert werden.

Aus einem amerikanischen Manuskript
ins Deutsche übersetzt von Martina Penz-Koch

2. Auflage 1995
ISBN 3-7626-0482-7
© 1994 by Verlag Hermann Bauer KG, Freiburg im Breisgau
Alle Rechte vorbehalten
Umschlag: personachroma, Seliger & Krafft, Freiburg
Satz: Typomedia Satztechnik GmbH, Ostfildern
Druck und Bindung: Ueberreuter Buchproduktion, Korneuburg
Printed in Austria

Gedruckt auf chlor- und säurefreiem Papier

Inhalt

ERSTER TEIL

Die Gabe des inneren Sehens und ihre Anwendung im Reading

Einführung

In meiner langjährigen Erfahrung als Therapeut bin ich menschlichen Problemen begegnet, die andere nur vom Hörensagen oder aus Darstellungen in psychologischen Publikationen kennen. Ich habe mich mit den verschiedensten Gebieten beschäftigt, die zur Lösung dieser Probleme beitragen können: mit Reinkarnation, Besessenheit, den Gesetzen des Karma und vielen anderen. Ich wurde im Verlauf der Jahre Zeuge der unterschiedlichsten traumatischen Erfahrungen, auch solcher, die durch wohlmeinende Organisationen und deren Helfer ausgelöst oder verstärkt wurden.

Wir alle suchen nach dem Sinn und Zweck unseres Lebens. Aber wir gehen dabei sehr unterschiedliche Wege. So manche Suche endet in der Sucht, worunter nicht nur die Abhängigkeit von Drogen und Betäubungsmitteln zu verstehen ist, sondern jede Form von Abhängigkeit, jedes zwanghafte Verhalten. Sucht ist ein weitverbreitetes Phänomen, das durch die in unserer Gesellschaft gängige Lebensführung gefördert, statt gemindert wird. Jeder Weg, der in Rückzug und Abhängigkeit führt, statt zu persönlicher Entfaltung, ist der falsche.

Das vorliegende Buch ist jener tiefen inneren Sinnsuche gewidmet, die Grundlage jedes umfassenden persönlichen Wachstums ist. Es eröffnet jenen, die sich ernsthaft mit den behandelten Inhalten beschäftigen, Einblick in die tieferen Zusammenhänge der menschlichen Existenz. Die dargestellten Techniken beruhen auf Beobachtungen und Erfahrungen, die ich in 20jähriger Praxis gesammelt und systematisiert habe. Sie haben sich bestens bewährt und tragen dazu bei, die Prinzipien des inneren Sehens zu verstehen und erfolgreich anzuwenden. Die meisten Neulinge auf dem spirituellen Weg sind erstaunt, wenn sie feststellen, wie sehr die Beschäftigung mit diesen Dingen zu ihrer persönlichen Entfaltung beiträgt. Vielleicht wird es Ihnen ähnlich ergehen. Dann beginnen Sie, sich als Teil des Universums wahrzunehmen, und gelangen zu einer neuen Wertschätzung der eigenen Person. Und Sie spüren, daß Sie auf diesem Weg die höchste Bewußtseinsstufe erlangen können, die Ihnen zugänglich ist.

Viele Probleme der westlichen Welt beruhen darauf, daß wir nur noch dem Glauben schenken, was wir sehen, fühlen, anfassen oder beobachten können. Alles andere zählt nicht mehr. So haben wir auch gelernt, das zu ignorieren, was in uns ist – unser inneres Wissen, unsere inneren Bilder. Wir leiden darunter, ohne es zu wissen. Wir haben den Kontakt zu unserer inneren Wahrnehmung verloren und uns von jener Welt abgeschnitten, die hinter den Erscheinungen und jenseits des Verstandes- und Vernunftdenkens liegt. Die meisten von uns können sich nicht vorstellen, im Besitz derselben Fähigkeiten zu sein, wie sie den großen Sehenden und Hellsehenden zugeschrieben werden. Diese Fähigkeiten sind uns jedoch angeboren. Wir haben sie lediglich verschüttet. Wir haben uns – durch unseren neuen Glauben – den Zugang zu ihnen verstellt. Aber wir können sie wiederentdecken, wenn wir wollen.

Wenn Sie möchten, können auch Sie Ihre seherischen Fähigkeiten entdecken und ausbilden. Das vorliegende Buch wird Ihnen dabei helfen. Alles, was Sie tun müssen, ist, sich dem Neuen zu öffnen. Machen Sie sich bereit, neue Wege zu gehen und neue Erfahrungen zu sammeln. Seien Sie bereit, die Welt anders als bisher zu sehen, und Sie werden wunderbare Dinge erfahren.

1

Was ist ein Reading?

Sensitive können mehr sehen, hören oder fühlen als andere. Sie können das, weil sie Zugang zu einer anderen Art der Wahrnehmung haben. Sie sind nicht auf die fünf Sinne beschränkt, deren wir uns normalerweise bedienen. Sie können also Dinge erfassen, die uns im Rahmen der alltäglichen Wahrnehmung nicht zugänglich sind. Sie besitzen, wenn Sie so wollen, einen »sechsten Sinn«.

Hellsichtige Menschen empfangen Informationen unabhängig von Raum und Zeit. Sie können in die Vergangenheit und in die Zukunft blicken. Auch Entfernungen spielen keine Rolle. Sie sehen alle möglichen Dinge an anderen oder durch andere, ohne daß man bisher wissenschaftlich erklären könnte, wie das geschieht.

In diesem Buch finden Sie grundlegende Techniken, die den Zugang zur inneren Wahrnehmung ermöglichen und mit deren Hilfe Sie selbst hellsehen oder hellfühlen können. Sie erfahren, wie Sie das, was Sie gesehen und/oder gespürt haben, deuten und anderen vermitteln können. Und Sie lernen, Ihre eigenen Gedanken von dem zu unterscheiden, worum es hier geht: wirklich auf sensitivem Weg empfangene Informationen.

Unter einem Reading verstehen wir eine mediale Sitzung, in der ein Lebensberater seinem Klienten sensitiv empfangene Informationen zu einem bestimmten Thema vermittelt.

Mit Hilfe der vorgestellten Techniken können Sie sich und anderen ein Reading geben; das heißt, Sie können zu den verschiedensten Themen Informationen abrufen. Sie werden überrascht sein, wie genau diese Angaben sind. Der Großteil

dessen, was Sie sehen, trifft zu: 80 bis 90 Prozent und in vielen
Fällen weit mehr. Das hängt auch von dem Ratsuchenden ab,
wie Sie später noch sehen werden. Entscheidend ist jedoch, ob
Sie in der Lage sind, die Bilder und Eindrücke, die Sie während
des Readings erhalten, adäquat zu deuten. Je mehr Sie üben,
desto besser werden Sie und desto zufriedener werden Ihre
Klienten. Sie können durchaus die 100-Prozent-Marke erreichen – wenn auch nicht in jedem Reading.

Um ein Reading durchführen zu können, müssen Sie gewisse mentale Vorbereitungen treffen. Je nach Thema gibt es
verschiedene mentale Rahmen, die sich in der Praxis bewährt
haben. Ein solcher Rahmen schafft einen geistigen Hintergrund
ähnlich einer Bühne oder eines Bühnenbildes. Er dient als
Projektionsfläche für die Bilder und Eindrücke, die sich während des Readings einstellen. Er ruft sozusagen die gewünschten Informationen ab wie ein Code oder ein Losungswort.
Viele der Bilder, die Sie sehen, wären ohne diesen Rahmen gar
nicht deutbar. Weiter unten finden Sie etliche Beispiele, die
aufzeigen, wie das in der Praxis funktioniert.

Es gibt, wie gesagt, verschiedene mentale Rahmen. Immer,
wenn es um Herzensangelegenheiten geht, eignet sich als Hintergrund eine rote Samttapete mit einer ovalen Öffnung in der
Mitte. Vielleicht möchten Sie gleich einmal versuchen, sich
dieses Bild vor Augen zu rufen. Vor diesem Hintergrund tauchen dann jene Personen auf, die im Leben Ihres Klienten eine
Rolle spielen.

Wenn Sie einen mentalen Rahmen visualisieren, heißt das
auch, daß Sie sich bewußt Ihrer Aufgabe und Ihrem Gegenüber
zuwenden. Sie bereiten sich vor, jene Bilder und Eindrücke zu
empfangen, die seiner Lebenswirklichkeit entsprechen. Sie öffnen sich also seiner Vorstellungs- und Erfahrungswelt. Wenn
Ihnen das gelingt, wird es Ihnen auch leichtfallen, Ihre persönlichen Gedanken und Gefühle, die während des Readings auftreten, klar von dem zu unterscheiden, was Sie hinsichtlich
Ihres Klienten an Information empfangen.

Um ein Reading geben zu können, müssen Sie sich in einen offenen, empfänglichen Zustand versetzen. Machen Sie sich frei von allem, was Sie stören oder ablenken könnte. Erwarten Sie nichts, seien Sie einfach bereit zu empfangen. Diese mentale Haltung ist Voraussetzung dafür, daß ein Reading überhaupt zustande kommt.

In einem Reading werden verschiedene Themen und Fragestellungen behandelt, und je nach Thema gilt es, sich entsprechend einzustimmen. Eine streng sachliche Haltung ist angebracht, wenn es um Themen geht, bei denen die Sache im Vordergrund steht, etwa um die Vergangenheit Ihres Klienten oder seine finanzielle Situation. Anders verhält es sich jedoch mit Themen, die mit dem Gefühlsleben Ihres Klienten in Zusammenhang stehen, wie das etwa bei Liebesbeziehungen der Fall ist. Hier sollten Sie eine einfühlsame, anteilnehmende Haltung einnehmen. Näheres dazu erfahren Sie in den folgenden Kapiteln, die sich mit den einzelnen Themen beschäftigen.

Es geht also darum, eine dem jeweiligen Thema angemessene mentale Haltung einzunehmen. Nur wenn die mentale Haltung »stimmt«, können Sie ein gutes, genaues Reading geben. Und auch für Ihren Klienten ist es wichtig, welche Haltung Sie ihm bzw. der Sache – seiner Sache – entgegenbringen. Wenn er sich angenommen, d.h. adäquat behandelt fühlt, kann er sich entspannen und ein Gefühl des Vertrauens entwickeln. Das wirkt sich wiederum förderlich auf den Prozeß des Readings aus.

Je weniger Sie über Ihren Klienten wissen, desto besser. Sie sollten also zu Beginn der Sitzung so wenig wie möglich sprechen. Je mehr Sie wissen, desto größer ist die Gefahr, daß Ihre persönlichen Eindrücke sich mit den Informationen vermischen, die Sie im Zuge des Readings erhalten. Ich persönlich bitte meine Klienten, nichts zu sagen, bis ich mich ganz auf das Reading eingelassen habe. Ich stelle auch keine Fragen, außer der, warum sie gekommen sind. Ich ziehe es vor, mit Menschen zu arbeiten, die ich nicht kenne. Bei Freunden, Ver-

wandten und Bekannten sind in der Regel keine wirklich ge-
nauen Readings möglich. Wir glauben, sie zu kennen und
haben uns bereits eine Meinung über sie gebildet. Wir sind
ihnen gegenüber auch gefühlsmäßig voreingenommen. Neutralität ist da oft nur schwer möglich.

Ein Reading zu geben heißt, ihm ehrlich, offen und unvoreingenommen das Warhgenommene mitzuteilen. Sagen Sie
das, was Sie sehen, ohne es zu bewerten. Das fällt uns gar nicht
immer leicht. Sobald wir jedoch unsere eigene Meinung oder
unsere Gefühle einfließen lassen, verliert unsere Arbeit an
Glaubwürdigkeit und unsere Klienten werden sich unverstan-
den fühlen. Ich versuche immer das zu sagen, was ich sehe,
auch wenn es unangenehme Dinge sind. Natürlich ist es nicht
egal, wie man etwas anspricht, und besonders, wenn es um
heikle Angelegenheiten geht, sollten Sie sich überlegen, wie Sie
es Ihrem Klienten auf schonende Art und Weise mitteilen
können. Es gibt nur eine Sache, die ich verschweige, das ist,
wenn ich den Tod eines Klienten vorhersehe. Jemandem zu
sagen, er müsse bald sterben, kann zu einer selbsterfüllenden
Prophezeiung werden.

Wenn ein Ratsuchender etwas über den Gesundheitszustand
eines Verwandten oder guten Freundes wissen möchte, kann
es sein, daß ich ausnahmsweise auch einen Todesfall vorhersage. Wie im Fall einer Frau, die mich fragte, wie lange ihr
alter, an Krebs erkrankter Vater noch zu leben habe. Ich sah,
daß seine Lebenslinie im Sinken begriffen war, und es schien
mir, daß er die nächsten drei Monate nicht überleben würde.
Ich sagte ihr das. Doch hängt es wirklich sehr von den Umständen ab, ob ich solche Voraussagen für nahe Verwandte
oder Freunde mache.

Wir sollten uns darüber im klaren sein, daß unsere Klienten
ihre Zukunft selbst gestalten können, unabhängig davon, was
wir ihnen voraussagen. Wir sind in der Lage, selbst über unsere
Zukunft zu bestimmen. Und zwar durch unser Verhalten in der
Gegenwart. Das heißt, das, was Sie zu einem bestimmten Zeit-

punkt vorhersehen, ist das, was aller Voraussicht nach geschehen wird, wenn Ihr Klient so weiterlebt, -denkt und -handelt, wie er es bisher getan hat. Aber er kann sich jederzeit ändern und damit auch alles, was Sie für seine Zukunft vorausgesagt haben. Es ist unsere Pflicht, unsere Klienten darauf aufmerksam zu machen. Und wir können ihnen sogar dabei helfen.

Nicht alles, was wir unseren Klienten sagen, wird also zutreffen. Davon dürfen wir uns aber nicht verunsichern lassen. Wir sollten zu unseren Aussagen stehen und uns nicht dazu hinreißen lassen, Dinge zu revidieren. Auch wenn ein Klient Einwand erhebt oder behauptet, was wir sagen, sei nicht wahr. Sie werden das wiederholt erleben, wenn Sie z.B. in einem Beziehungsreading Personen beschreiben, die im Leben Ihres Gegenübers eine Rolle spielen. Oft handelt es sich um Menschen, die in seiner Vergangenheit einen wichtigen Platz einnahmen und an die er sich zum Zeitpunkt des Readings einfach nicht erinnert. In der Regel fällt unseren Klienten jedoch später ein, wer gemeint war. Auch unsere Vorhersagen stoßen oft auf Ablehnung. Häufigste Begründung: »Das ist unmöglich!« Auch in diesen Fällen werden Sie im nachhinein hören, daß genau das eingetroffen ist, was Sie vorausgesagt haben — sehr zur Überraschung des Ratsuchenden.

So sagte ich einer Frau, daß sie in etwa drei Monaten einen jungen Mann kennenlernen würde. Sie war zum Zeitpunkt unserer Sitzung verlobt und konnte sich nicht vorstellen, aus welchem Grund sie einem anderen näherkommen sollte. Einige Monate später erhielt ich einen Anruf von ihr. Sie hatte sich inzwischen tatsächlich von ihrem ehemaligen Verlobten getrennt und drei Monate nach unserer Sitzung jenen Mann getroffen, den ich ihr beschrieben hatte.

Scheuen Sie sich also nicht, Vorhersagen über die Zukunft Ihres Klienten zu geben. Stehen Sie zu dem, was Sie gesehen und gesagt haben. Die Techniken, die Sie im folgenden lernen, sind absolut zuverlässig und werden sich in der Praxis bewähren. Ihre Klienten werden Ihnen das bestätigen.

2

Der Einstieg ins Reading

Die Technik, die ich anwende, um mit meinen Klienten Verbindung aufzunehmen, ist die sogenannte Handtemperaturmethode. Sie hat nicht im eigentlichen Sinne mit sensitiver Wahrnehmung zu tun, aber sie hilft Ihnen, sich auf Ihr Gegenüber einzustimmen und eine für das folgende Reading angemessene mentale Haltung einzunehmen.

Sehen Sie sich jetzt bitte Abb. A an. Ihre Fingerspitzen berühren die Handflächen des Klienten und umgekehrt. Das sind die einzigen Stellen, die sich berühren. Es spielt keine Rolle, welche Hand Sie so halten. Sie können auch beide Hände gleichzeitig nehmen. Wichtig ist allein, daß die Hände Ihres Klienten ihre normale Temperatur haben und nicht durch äußere Einflüsse, ein heißes Getränk oder winterlichen Frost z.B., wärmer oder kälter sind als sonst.

Halten Sie also die Hand Ihres Gegenübers wie abgebildet, und nehmen Sie ihre Temperatur wahr. Konzentrieren Sie sich zunächst auf die Handfläche. Sie mag warm sein, kühl oder kalt, vielleicht auch sehr warm oder sogar heiß. Prüfen Sie, ob die Temperatur der Fingerspitzen davon abweicht. Das ist von Bedeutung, wie Sie später noch sehen werden. Testen Sie die andere Hand in gleicher Weise, und achten Sie wieder darauf, ob zwischen Handfläche und Fingerspitzen ein Temperaturunterschied besteht.

In Abb. A finden Sie eine Beschreibung von sechs verschiedenen Persönlichkeitstypen. Daraus geht hervor, daß jemand mit kalten Handflächen und Fingerspitzen den »Kopfmenschen« zuzurechnen ist; jenen Menschen, die in erster

Abbildung A:

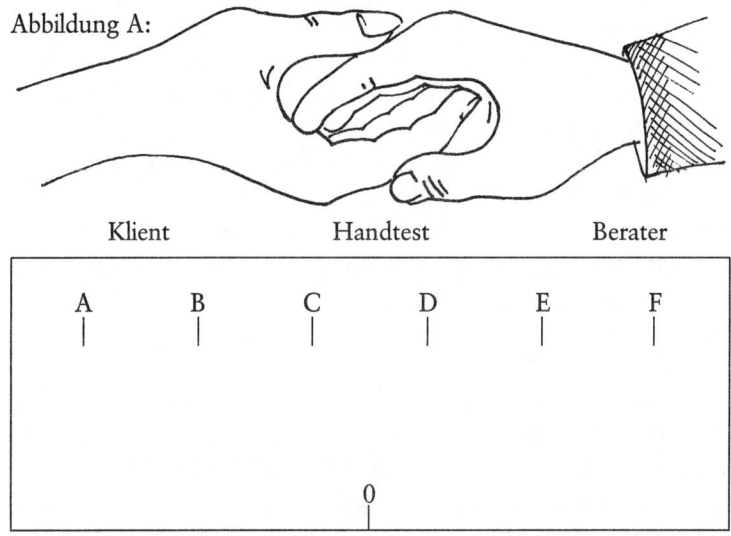

| Klient | Handtest | Berater |

Typ A: Der absolute Gefühlsmensch
Er wird völlig von seinen Gefühlen beherrscht und handelt, ohne nachzudenken. Jedes Vernunft- oder Verstandesdenken ist ihm fremd. Er ist total emotional, aber auch sehr warmherzig.

Typ B: Der Gefühlsorientierte
Auch bei ihm hat das Gefühl Vorrang vor dem Verstand. Er hat jedoch erkannt, daß es unter Umständen sicherer ist, einen Teil seiner Gefühle für sich zu behalten.

Typ C und D: Die Ausgewogenen
Gefühl und Verstand sind hier in Einklang, sie ergänzen sich gegenseitig. Menschen dieses Typs sind in der Lage, Dinge gleichzeitig zu durchdenken und zu erfühlen. Sie tun das, was Ihr Verstand und Ihr Gefühl gleichermaßen bejahen – wobei Typ C zuerst sein Gefühl, Typ D zuerst seinen Verstand befragt.

Typ E: Der Verstandesorientierte
Dieser Mensch verläßt sich in erster Linie auf seinen Verstand. Er handelt nur, wenn genügend Argumente dafürsprechen. Er ist eher zurückhaltend und bringt seine Gefühle nur vorsichtig zum Ausdruck. Er kann sie auch sehr gut für sich behalten.

Typ F: Der absolute Verstandesmensch
Er wird ganz von seinem Denken beherrscht. Gefühle scheint er nicht zu kennen. Logik, Vernunft und Kalkül, das ist seine Welt. Er wirkt kühl und distanziert.

Linie Vernunftentscheidungen treffen und dazu neigen, ihre
Gefühle zu ignorieren (Typ F). Das ist häufig auf frühere emotionale Verletzungen zurückzuführen. Wahrscheinlich hat der
Betreffende schon sehr bald gelernt, sich auf seinen Verstand zu
verlassen und Gefühle für sich zu behalten. So konnte er sich
vor weiteren seelischen Verwundungen schützen. Möglicherweise hat er sich damit jedoch den Zugang zu den eigenen
Gefühlen versperrt. Ein echter Kopfmensch würde nicht davor
zurückschrecken, eine nette alte Villa abzureißen, um an diese
Stelle einen Schnellimbiß zu setzen – wenn er es für sinnvoll
hält.

Menschen mit warmen oder sehr warmen Händen sind in
der Regel »Gefühlsmenschen«. Sie finden es sehr ärgerlich,
wenn eine alte Villa abgerissen wird, um einem Schnellimbiß
Platz zu machen. Solche Menschen handeln oft, bevor sie sich
Zeit zum Nachdenken nehmen. Für gewöhnlich läßt sich bei
ihnen kein nennenswerter Temperaturunterschied zwischen
Handfläche und Fingerspitzen feststellen. Dieser Persönlichkeitstyp ist am anderen Ende der Skala beschrieben (Typ A).

Menschen mit warmen Handflächen und kühlen Fingerspitzen sind emotional veranlagt, haben aber durch Verletzungen in der Vergangenheit gelernt, ihre Gefühle zu kontrollieren
und eher vorsichtig zum Ausdruck zu bringen (Typ B). Menschen, deren Fingerspitzen wärmer sind als die Handflächen,
sind verstandesorientiert, zeigen aber mehr Gefühl als Typ F.
Ähnlich wie Typ B drücken sie ihre Emotionen eher zurückhaltend aus, was in ihrem Fall jedoch auf intellektuelle Kontrolle zurückzuführen ist. Schließlich gibt es noch jene, bei
denen Gefühl und Verstand sich in etwa die Waage halten (Typ
C und D).

Es bedarf einer gewissen Übung, eine entsprechende Zu-
ordnung sicher vorzunehmen, aber Sie werden rasch Fortschritte machen und erstaunt sein, wenn Sie erst feststellen,
wie positiv sich dieser Einstieg auf das folgende Reading auswirkt. Anhand weniger Anhaltspunkte können Sie erkennen,

welchem Persönlichkeitstyp der Ratsuchende angehört und wie er mit seinen Emotionen umgeht: ob er sich von seinen Gefühlen beherrschen läßt, ob es ihm schwerfällt, Gefühle zu zeigen, oder ob er sie ganz einfach ignoriert.

Die Hand eines Menschen bzw. deren Temperatur verrät eine Menge über seine Persönlichkeit. Wärme kommt von innen und strahlt nach außen. Liebesentzug, Angst, Zurückweisung oder andere traumatische Erfahrungen können dazu führen, daß jemand sich auf Dauer verschließt. Unsere Hände sind sozusagen ein Spiegel unserer Seele. Je kühler die Fingerspitzen, desto stärker die Tendenz, Emotionen zurückzuhalten.

Beachten Sie auch, ob es zwischen den beiden Händen Ihres Klienten einen Temperaturunterschied gibt. Das kommt öfter vor, als man denkt. Ich stelle dann in der Regel die Frage, ob er/sie mit Kreislaufproblemen zu tun hat. Das ist die häufigste Ursache für solche Temperaturunterschiede. Ihr Klient ist sich unter Umständen gar nicht bewußt, daß etwas nicht in Ordnung ist. Wenn Sie ihn frühzeitig darauf hinweisen, kann er Schritte unternehmen, die einem möglichen Schlaganfall oder sonstigen Herz-Kreislauf-Erkrankungen vorbeugen.

Die Handtemperaturmethode hat, wie gesagt, nicht eigentlich mit innerer Wahrnehmung zu tun, aber sie bietet einen guten Einstieg für das folgende Reading. Die Berührung stellt die Verbindung her und erlaubt Ihnen, sich optimal auf Ihr Gegenüber einzustimmen. Ihr Klient wird das als sehr angenehm empfinden, denn er spürt, daß Sie sich ihm ganz zuwenden und ihn und seine persönliche Eigenart annehmen.

Lassen Sie uns nun die Welt der inneren Wahrnehmung betreten. Sie befinden sich in der entsprechenden mentalen Haltung und haben den Kontakt zu Ihrem Klienten hergestellt. Sie sind jetzt bereit, ein Reading zu geben. Idealerweise haben Sie bisher kaum oder gar nicht gesprochen und weder über die Vergangenheit noch über die Probleme Ihres Klienten irgend etwas erfahren, das Sie beeinflussen könnte. Sie können sich also völlig unvoreingenommen dem überlassen, was Sie im folgenden sehen werden, und Ihrem Klienten alles so mitteilen, wie Sie es sehen.

Jetzt sind Sie in der richtigen Geisteshaltung, um Ihren ersten Versuch beim Entwurf eines mentalen Rahmens zu unternehmen. Vielleicht haben Sie schon einmal ein Gemälde gesehen, das auf schwarzem Samt gemalt war. Oder denken Sie an entsprechende Vorhänge, die gerne als Bühnenhintergrund verwendet werden. Das ist der geeignete Hintergrund, um die Lebenslinien zu visualisieren. Stellen Sie sich eine weiße Linie vor, die etwa in der Mitte dieser Fläche verläuft (Abb. B, Nr. 1).

Diese Linie kann kräftig und strahlend hell sein, aber auch schmal und blaß, mitunter sogar verfärbt. Vielleicht sehen Sie auch mehrere parallel verlaufende Linien. Das ist die Lebenslinie Ihres Klienten. Links sehen Sie die Vergangenheit, in der Mitte die Gegenwart und rechts die Zukunft. Im Moment wollen wir uns mit dem linken Teil dieser Linie beschäftigen.

Sie haben also Ihren ersten mentalen Rahmen visualisiert. Er schafft, wie Sie wissen, eine Projektionsfläche, eine Art geistige Leinwand, auf der die gewünschte Information sich zeigen kann. Die Linie, die Sie sehen, ist wirklich die Lebenslinie des Ratsuchenden. Mit zunehmender Übung werden Sie lernen, das Wahrgenommene mit erstaunlicher Treffsicherheit auszulegen. In vielen Fällen ist die Deutung eines Bildes einfach naheliegend. Wenn Sie eine klare, kräftige Linie sehen, die von links nach rechts ziemlich glatt und ausgewogen verläuft, können Sie annehmen, daß Ihr Klient sein Potential voll ausschöpft. Ein Mensch mit einer solchen Lebenslinie hat sich voll entfaltet. Er erfreut sich bester Gesundheit und ist in der Lage, seine Wünsche und Vorstellungen zu verwirklichen. Er gestaltet seine Welt. Zufriedenheit, Stabilität, Aufgeschlossenheit und Verläßlichkeit sind die bestimmenden Merkmale seiner Persönlichkeit.

Menschen mit schwacher, fast durchsichtig wirkender Le-

Abbildung B:

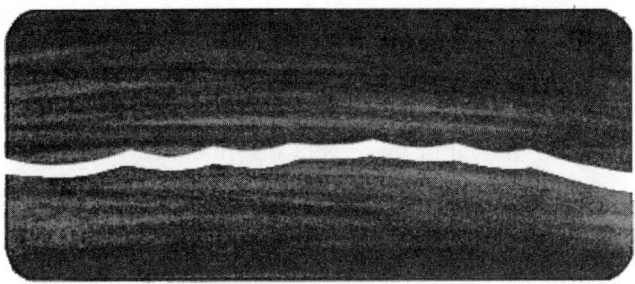

Nr. 1: Lebenslinie eines Phlegmatikers, der nur ab und zu aus seiner Lethargie herausgerissen wird.

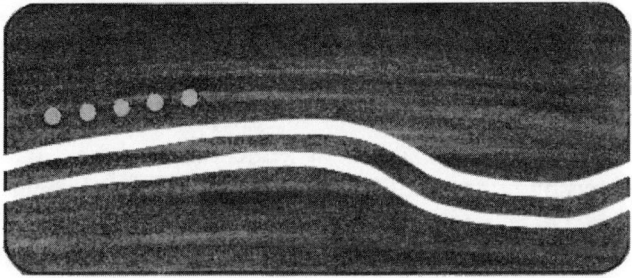

Nr. 2: Lebenslinie, bestehend aus zwei Parallellinien. Die Lichtpunkte zeugen von einer Beschäftigung mit spirituellen bzw. religiösen Inhalten.

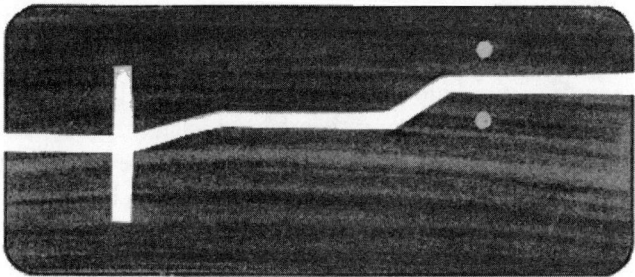

Nr. 3: Zukunftslinie mit deutlich steigender Tendenz. Die vertikale Linie markiert den gegenwärtigen Zeitpunkt und ist im Reading nicht zu sehen.

benslinie nützen nur einen geringen Teil Ihres Potentials. Etwas
scheint sie auszulaugen, ihrer Energie zu berauben, und sie
leben und arbeiten nur mit einem Bruchteil ihrer Kraft. Ihr
Leben ist gezeichnet von Depression, schwerwiegenden Problemen oder traumatischen Erfahrungen. Diese Menschen stehen oft ganz im Bann ihrer Vergangenheit und waren bisher
nicht in der Lage, alte Verletzungen loszulassen. Wahrscheinlich werden Sie im linken Teil einer solchen Lebenslinie eine
stärkere Vertiefung bemerken.

Abb. B, Nr. 1 zeigt einen Typ von Lebenslinie, den man vor
allem bei Menschen findet, die sich dem Leben nur bedingt
zuwenden. Die Spitzen, die sich in regelmäßigen Abständen
zeigen, deuten auf Phasen gesteigerter Aktivität oder besonderen Wohlbefindens hin. Dazwischen gibt es Zeiten der Lan-
geweile, der Inaktivität, die mitunter länger andauern können,
bis wieder etwas Interessantes auftaucht und diese Menschen
aus ihrer Lethargie reißt. Es ist jedoch anzunehmen, daß die
Begeisterung nur von kurzer Dauer sein wird. Die Lebenslinie,
die sich soeben noch im Aufschwung befand, sinkt rasch wieder ab. So kommt das Bild der Wellenlinie zustande. (Eine
andere Art von Wellenlinie zeigt sich bei Menschen, die starken
Gefühlsschwankungen unterworfen sind.) Wir haben es hier
mit einem Menschen zu tun, der seine Persönlichkeit nur
schwach entfaltet hat und dem es kaum möglich ist, sich über
einen längeren Zeitraum mit einer Sache zu beschäftigen. Ihm/
ihr fehlt es einfach an Zielstrebigkeit und Konsequenz.

Wenn Sie unterhalb der Lebenslinie Ihres Klienten weitere
Linien wahrnehmen, dann handelt es sich um sogenannte
Parallellinien (Abb. B, Nr. 2). Diese sind in der Regel etwas
schwächer ausgeprägt als die Hauptlinie. Menschen mit mehr-
facher Lebenslinie sind vielseitig und haben neben ihrem Beruf
andere, gleichwertige Interessen: ein Hobby, Sport oder irgendeine Tätigkeit, der ein ähnlich hoher Stellenwert zukommt wie
der Karriere. Die Intensität einer Linie gibt Auskunft über die
Bedeutung, die Ihr Klient dem jeweiligen Interessengebiet zu-

mißt. Viele dieser Linien enden nach einer Zeit oder werden durch neue ersetzt, die ihrerseits oft nur kurz existieren. Das heißt, Ihr Klient hat seine Interessen geändert und sich neuen Dingen zugewendet. Es kommt auch vor, daß eine der Nebenlinien plötzlich zur Hauptlinie wird. Das ist dann der Fall, wenn sich im Leben des Ratsuchenden der Interessensschwerpunkt verlagert, etwa wenn er/sie sich selbständig macht, eine Familie gründet oder in Pension geht.

Lassen Sie uns nun einige Merkmale besprechen, die innerhalb der verschiedenen Lebenslinien immer wieder auftreten. In Abb. B, Nr. 2, sehen Sie eine Abwärtsbewegung. Jedes Sinken der Lebenslinie weist auf ungünstige Umstände hin. Vielleicht entwickelt sich eine Sache zum Nachteil Ihres Klienten, oder er durchlebt eine Phase der Niedergeschlagenheit, eine emotionale Krise. Sie können auch feststellen, ob dieses Tief bereits vergangen ist oder noch andauert. Nehmen wir an, die in Nr. 2 abgebildete Lebenslinie stellt die Vergangenheit Ihres Klienten dar. Sie sehen also, daß die Krise noch nicht ganz überwunden ist, aber es machen sich bereits Anzeichen für einen Aufschwung bemerkbar.

Geht es in der Lebenslinie aufwärts, so erfährt der Betreffende eine Verbesserung seiner Lebensumstände. Egal, ob es sich um einen Zuwachs an materiellen oder ideellen Werten handelt oder einfach nur um ein gesteigertes Lebensgefühl, es geht ihm/ihr einfach besser.

Eine spontane Aufwärtsbewegung innerhalb der zukünftigen Lebenslinie läßt sich oft am Ende eines Readings beobachten; besonders dann, wenn es gelungen ist, schwerwiegende Probleme des Ratsuchenden und etwaige Lösungsmöglichkeiten zu besprechen. Ein solcher Aufschwung tritt dann auf, wenn sich in dem Betreffenden ein Bewußtseinswandel vollzogen hat, wenn er sich entschlossen hat, seinem Leben anders als bisher zu begegnen. Das wirkt sich natürlich positiv auf seine Zukunft aus. In Abb. B, Nr. 3 finden Sie ein Beispiel einer solchen Entwicklung. (Die vertikale Linie wurde eingezeichnet, um die Gegenwart zu markieren. In einem Reading ist sie natürlich nicht zu sehen.)

Kommen wir noch einmal auf die Stärke und Helligkeit der Lebenslinie zurück. Allgemein läßt sich sagen: Je stärker die Linie, desto besser geht es Ihrem Klienten. Eine kräftige Lebenslinie zeugt von Gesundheit, Erfolg und einer positiven Lebenseinstellung. Um das zu veranschaulichen, ziehe ich gerne folgenden Vergleich heran: Nehmen wir eine 100-Watt-Birne und einen Helligkeitsregler. Lassen wir die Birne auf größter Stufe leuchten, so arbeitet sie mit voller Kapazität. Drehen wir sie auf 80 Watt herunter, so wird nur ein Teil ihrer Kapazität ausgeschöpft. Den meisten Menschen geht angesichts dieses Beispiels sofort ein Licht auf. Sie begreifen, daß sie etwas tun können, um zu ihrer vollen Kapazität zurückzufinden, und daß sie sich erst dann so richtig wohl fühlen werden.

Ein weiteres Phänomen, das Ihnen des öfteren begegnen wird, ist ein Aufblitzen, eine Art Funkenschlag, innerhalb der Lebenslinie. Es ist in keiner der Abbildungen dargestellt, aber Sie werden es sofort erkennen. Ein solches Aufblitzen zeigt extreme Gefühle oder emotionale Zerreißproben an, schwere Beziehungskonflikte etwa, Scheidungen, berufliche Kämpfe oder andere existentielle Nöte. Darauf folgt in vielen Fällen ein Absinken der Lebenslinie, denn solche Vorkommnisse bewirken einen starken Energieverlust und man braucht Zeit zur Erholung.

Die Lebenslinie einer Frau, die Jahre vor unserem Reading einen zermürbenden Scheidungsprozeß über sich ergehen lassen mußte, befand sich – fünf Jahre danach – noch immer im Tief. Sie hatte das Ganze nie wirklich aufgearbeitet und daher auch nicht loslassen können. Es genügte, dies aufzuzeigen. Als sie erkannte, daß sie die Scheidung immer noch nicht verwunden hatte, begann sie ihren Lebensstil zu ändern und erholte sich schließlich völlig.

Verfärbte Lebenslinien weisen generell auf Krankheiten, Drogenmißbrauch, Erschöpfung oder andere Gesundheitsstörungen hin. Eine leichte Gelbfärbung deute ich für gewöhnlich als Anzeichen für Erschöpfung oder Mattigkeit. Ist das Gelb jedoch intensiver und verläuft die Lebenslinie des Betreffenden eher niedrig, handelt es sich wahrscheinlich um eine Erkrankung. Drogenmißbrauch zeigt sich in ähnlicher Form, wobei die Lebenslinie meist auch einen recht unregelmäßigen Verlauf aufweist. Bei einer medikamentösen Behandlung kommt es zu einer leichten bis mittleren Gelbfärbung, je nach Stärke des Medikamentes. Dunkle, schmutzig wirkende Lebenslinien weisen auf schwere Krankheiten hin oder auf Krankheiten, die über einen längeren Zeitraum andauern. Manchmal werden Sie auch Lebenslinien begegnen, die gleichzeitig dunkel gefärbt, schwach und durchsichtig sind. Mehr dazu finden Sie in den folgenden Kapiteln. Mit der Zeit wird es Ihnen leichtfallen, die verschiedenen Gesundheitsstörungen zu unterscheiden, die innerhalb einer Lebenslinie auftreten können.

Genauso, wie Sie Einblick in die Vergangenheit eines Menschen nehmen können, können Sie sehen, was ihm die Zukunft bringen wird. Wenden Sie sich der rechten Seite seiner Lebenslinie zu und Sie sehen, was seiner harrt: eine Phase des Aufschwungs, mehr Geld, ein Umzug, eine neue Stelle; wahrscheinlich aber auch das eine oder andere Problem. Was die Technik des Readings anbelangt, so besteht kein wesentlicher Unterschied, ob Sie die Vergangenheit oder die Zukunft untersuchen. Sie werden hier wie dort Höhen und Tiefen finden. In Abb. B, Nr. 3 sehen Sie z.B., daß die Lebenslinie des Klienten steigt, was auf eine deutliche Verbesserung seiner Lebensumstände und seines allgemeinen Lebensgefühls hinweist.

In den meisten Readings beschränke ich mich auf die nahe Zukunft, die nächsten zwei, drei Monate. Natürlich kann ich auch weiter in die Zukunft sehen. Viele Leute können sich längerfristige Vorhersagen jedoch nicht merken, oder sie können nichts mit Dingen anfangen, die erst Jahre später geschehen sollen. Sie interessieren sich für die Gegenwart und dafür, was die nahe Zukunft ihnen bringen wird. Sollte allerdings eine längerfristige Prognose gewünscht werden, spricht nichts dagegen, dieser Bitte nachzukommen. Auch bei Langzeitprognosen ist große Genauigkeit möglich.

In Anwesenheit Ihres Klienten können Sie auch die Lebenslinien jener Personen sehen, die ihm/ihr nahestehen. Das finde ich faszinierend. Es ist tatsächlich möglich, den Bruder, die Mutter, die Kinder oder Freunde des Klienten in die Beratung einzubeziehen. Sie sehen diese Linien neben der Ihres Klienten oder seitlich davon, und Sie können sie mit der gleichen Genauigkeit deuten wie die Ihres Gegenübers. Viele Menschen, die zu Ihnen kommen, haben Fragen zum Gesundheitszustand oder Allgemeinbefinden eines Angehörigen. Sie sind also in der Lage, ihnen entsprechende Auskünfte zu geben. Bisweilen werden Sie Anzeichen sehen, die auf den Tod des Betreffenden hinweisen. Überlegen Sie sich, ob Sie es in dem jeweiligen Fall für angebracht halten, Ihrem Klienten eine solch traurige Nachricht zu eröffnen.

Ich möchte an dieser Stelle nochmals betonen, daß ich einem Klienten nicht sage, wenn ich seinen Tod vorhersehe. Ich glaube, das sollten wir nicht tun. Eine solche Vorhersage kann, wie Sie wissen, zu einer selbsterfüllenden Prophezeiung werden. Sie versetzt den Betreffenden in einen Schockzustand, und das allein mag genügen, einen Unfall heraufzubeschwören, der ihm/ihr das Leben kostet. Eine solche Nachricht kann auch verschiedene andere Probleme heraufbeschwören.

3

Gesundheit

Eines der Hauptanliegen der Ratsuchenden ist das Thema Gesundheit. Oft handelt es sich auch um einen erkrankten Verwandten oder Freund, um den sich Ihr Klient Sorgen macht. Eines sollte uns klar sein: Wir sind keine Ärzte, und wir dürfen nicht glauben, wir könnten unsere Klienten heilen oder einen Ersatz für eine medizinische Behandlung liefern. Das ist nicht der Fall. Was wir aber sehr wohl können: Wir können auf seherischem Weg Einblick in den Körper und seinen Gesundheitszustand nehmen und unsere Beobachtungen weitergeben. Es liegt dann an den Ratsuchenden zu entscheiden, wie sie sich in dieser Angelegenheit verhalten wollen.

Sie haben sich auf Ihren Klienten eingestimmt und befinden sich in der geeigneten mentalen Haltung, um ein Gesundheitsreading vorzunehmen. Entspannen Sie sich, wenden Sie Ihre Aufmerksamkeit dem Körper Ihres Klienten zu, und machen Sie sich bereit, Informationen über seinen Gesundheitszustand zu empfangen. Stellen Sie sich zunächst ein Körperbild vor, die Umrisse eines menschlichen Körpers. Das ist der geeignete mentale Rahmen für dieses Reading. Auch hier sollten Sie den Blick nicht direkt auf Ihr Gegenüber richten, sondern an ihm/ihr vorbei schauen. Lassen Sie die Umrisse eines Körpers vor Ihrem geistigen Auge entstehen, und sehen Sie, wie sich das Innere weiß färbt. Beobachten Sie, was sich jetzt tut. Sie werden bemerken, daß an verschiedenen Stellen dieses Körpers Verfärbungen auftreten: schwarze, rote, gelbe.

Schwarz bedeutet, daß an der betreffenden Stelle Gesundheitsstörungen vorlagen, die der Vergangenheit angehören und

Ihren Klienten gegenwärtig nicht mehr belasten. Im Herzbe-
reich deutet Schwarz meist auf einen Herzanfall oder andere
ehemalige Herzbeschwerden hin. Fragen Sie Ihren Klienten,
und er wird Ihnen mit Sicherheit von einem alten Herzleiden
erzählen. Eine Schwarzfärbung kann in jeder beliebigen Kör-
perregion auftreten. Sie mag tiefdunkel sein oder etwas blasser,
je nachdem, wie lange die Erkrankung zurückliegt. Für die
Gegenwart ist sie nicht weiter von Bedeutung.

Rot hingegen zeugt von einer akuten Erkrankung. Es kann
sich um eine schwere Krankheit handeln, aber auch um eine
Entzündung oder Reizung, von der Ihr Klient vielleicht nicht
einmal weiß. Je intensiver die Färbung, desto schwerer die
Krankheit. Dementsprechend sind Hellrot und Rosa Anzeichen für leichtere, meist ungefährliche Gesundheitsstörungen.

Gehen Sie den gesamten Körper Ihres Klienten durch und
merken Sie sich, an welchen Stellen Verfärbungen auftreten.
Das ist der sogenannte *body scan*. Neben Rot und Schwarz
werden Ihnen auch andere Farben begegnen. Braun z.B. zeigt
an, daß das entsprechende Organ nicht ordnungsgemäß arbeitet. Hier wird also in der Zukunft wahrscheinlich mit Problemen zu rechnen sein. Merken Sie sich, welche Stellen Verfärbungen aufweisen. Der nächste Schritt ist, die betreffenden
Gebiete näher zu untersuchen. Stellen Sie sich vor, Sie würden
sie durch ein Mikroskop oder durch ein Vergrößerungsglas
betrachten. Wenden Sie sich einer bestimmten Stelle zu, und
beobachten Sie, welche Bilder auftauchen. Vielleicht können
Sie mit deren Hilfe auf die Art der Erkrankung schließen.
Gerissene Gewebefasern etwa weisen auf Muskelverletzungen
oder geplatzte Adern hin. Es ist jedoch nicht immer leicht,
diese Bilder zu deuten. Wenn Sie über medizinisches Fachwissen verfügen, werden Sie wahrscheinlich auch detailliertere
Farben und Bilder wahrnehmen und in vielen Fällen eine ziemlich genaue Diagnose erstellen können.

Um ein Gesundheitsreading vorzunehmen, benötigen Sie
keine medizinischen Kenntnisse. Wichtig ist allein, daß Sie
feststellen können, ob die Gesundheit Ihres Klienten beein-

trächtigt ist und an welchen Stellen Störungen vorliegen bzw. zu erwarten sind. Der Betreffende kann sich dann an einen Fachmann wenden, und der wird entscheiden, welche medizinische Behandlung in seinem/ihrem Fall angemessen ist.

Sollten Sie in einem medizinischen Beruf arbeiten, kann Ihnen diese Technik wertvolle Dienste erweisen. Ein Chiropraktiker, der einen meiner Kurse besuchte, war plötzlich in der Lage, die Beschwerden seiner Patienten auf sensitivem Wege zu sehen. Um seine Beobachtungen zu überprüfen, führte er eine Reihe von Versuchen durch. Die Ergebnisse, so konnte er uns stolz erzählen, bestätigten jede Diagnose, die er mittels *body scan* erstellt hatte.

Wenn Sie sich mit dieser Technik vertraut gemacht haben, sind Sie in der Lage, Gesundheitsbeschwerden schon zu sehen, bevor Sie sich manifestiert haben. So können Sie entsprechende Vorbeugungsmaßnahmen treffen, und es muß gar nicht erst zum Ausbruch der Krankheit kommen. Zunächst werden Ihnen dabei sicher einige Deutungsfehler unterlaufen. Vielleicht sehen Sie statt einer Magenverstimmung eine ernste Erkrankung, weil Sie nicht auf die Farbnuancen geachtet haben. Es bedarf einiger Übung, bis Sie gelernt haben, aus der Farbschattierung auf die Intensität der Erkrankung zu schließen. Doch dann werden Sie vorübergehende Bauchschmerzen ganz klar von wirklichen Problemen unterscheiden können.

Nehmen wir an, Sie haben zu Beginn der Sitzung festgestellt, daß die Hände Ihres Klienten unterschiedliche Temperatur aufweisen. Im Gesundheitsreading werden Sie nach möglichen Anzeichen für Durchblutungsstörungen suchen. Sie zeigen sich etwa in Form eines roten Bereiches, der bei näherem Hinsehen eine netzartige Struktur aufweist. – Möglicherweise erscheinen Ihnen aber auch andere Bilder. Jeder Hellsehende entwickelt mit der Zeit seine eigene Symbolik. Die hier dargestellten Techniken sind Werkzeuge, die Ihnen dabei helfen werden.

Während einer Beratung können Sie, wenn Sie möchten, auch die Lebenslinien jener Personen untersuchen, die Ihrem

Klienten nahestehen: Vater, Mutter, Kinder, Ehegatten und
andere. Es ist also möglich, auch ihnen ein Gesundheitsreading
zu geben. Tun Sie so, als ob sie es wären, die Ihnen gegenüber-
sitzen. Denken Sie daran, Ihr Gegenüber nicht direkt anzuschauen, weil Sie sonst abgelenkt werden könnten.

Gesundheitsreadings erweisen sich auch im Privatbereich als
äußerst hilfreich. Sie können z.B. regelmäßig den Gesundheitszustand Ihrer Lieben überprüfen. Voraussetzung ist jedoch, daß
Sie lernen, auch Freunden und Verwandten gegenüber neutral
zu bleiben, d.h. Ihre eigenen Gedanken und Gefühle aus dem
Spiel zu lassen. Sie können wirklich vielen Menschen in Ihrer
Nähe gute Dienste erweisen. Sie werden Gesundheitsstörungen sehen, noch bevor sie sich bemerkbar machen, und den
Betreffenden rechtzeitig warnen können. Natürlich ist das kein
Ersatz für regelmäßige ärztliche Kontrolluntersuchungen oder
eine medikamentöse Behandlung im Krankheitsfall.

Sollten Sie also einen Krankheitsherd entdecken, wissen Sie,
was zu tun ist. Nehmen Sie an der entsprechenden Stelle eine
Vergrößerung vor, um näheren Aufschluß über die Art der
Erkrankung zu bekommen. Führen Sie dann einen *body scan*
durch, um herauszufinden, welche anderen Körperstellen in
Mitleidenschaft gezogen sind. Das sollten Sie prinzipiell tun.
Die Ursachen für gesundheitliche Störungen liegen oft in Kör-
perteilen, von denen man zunächst nicht annehmen würde,
daß sie mit der Sache zu tun haben. Bisweilen ist es schwer, für
nahe Freunde und Verwandte Gesundheitsreadings vorzunehmen. Wir wollen sie bei bester Gesundheit sehen und neigen
dazu, Probleme zu übersehen oder abzuschwächen.

Heute gibt es so viele Krankheiten, die durch Sexualkon-
takte übertragen werden, so daß es nicht mehr ungefährlich ist,
eine neue Beziehung einzugehen. Besonders seit es AIDS gibt.
Viele, die wissen, daß sie infiziert sind, werden das sagen, bevor
es zu einer Ansteckung kommen kann. Aber es gibt ja auch
Menschen, die selbst nicht wissen, daß sie Träger eines Virus
sind. So kommt es zur Verbreitung dieser Krankheit. Allein in

den USA sind bisher mehr als 200.000 Menschen an AIDS gestorben (Stand 1991, Anm. d. Übersetzers). Es wird also immer wichtiger, von vornherein zu wissen, ob man mit einem neuen Partner eine intime Beziehung eingehen kann oder nicht. Was Sie hier lernen, können Sie nicht nur in der Beratung, sondern auch zu Ihrer persönlichen Sicherheit anwenden.

Lassen Sie uns zusammenfassen, was es bei einem Gesundheitsreading zu beachten gilt: Wenn Sie zu Beginn der Sitzung die Hände Ihres Klienten berühren, erhalten Sie einen ersten Einblick in seinen allgemeinen Gesundheitszustand. Sie sehen etwa, ob Herz-Kreislauf-Probleme vorliegen oder ob er unter einer stärkeren gefühlsmäßigen Anspannung steht – was z.B. psychosomatische Beschwerden verursachen kann. Sie können mit dem *body scan* bereits beginnen, während Sie die Hände Ihres Klienten halten. Rufen Sie sich zunächst das Körperbild vor Augen und beobachten Sie, wo Verfärbungen auftreten.

Schwarz sind jene Körperstellen, an denen in der Vergangenheit akute Erkrankungen vorlagen; weiße Gebiete sind frei von jeder Krankheit; Rot zeugt von akuten, möglicherweise auch gefährlichen Erkrankungen. Jede rote Stelle, die Sie sehen, sollten Sie näher untersuchen. Nehmen Sie eine Vergrößerung vor, so, als ob Sie durch ein Mikroskop schauen würden. Wenn Sie die richtige »Einstellung« gefunden haben, bekommen Sie näheren Aufschluß über die Erkrankung und darüber, welche Körperteile oder welches Organ betroffen sind.

Bei Infektionen, wie Erkältung, Grippe oder anderen Erkrankungen der Atemwege, nehmen Sie eine Rötung in der Lungengegend wahr, bei Nierenstörungen in der Nierengegend. Viele Infektionen zeigen sich an einzelnen Körperstellen. Es gibt auch Ausnahmen. Bei Bluterkrankungen, wozu ja auch AIDS zählt, ist das gesamte Körperbild rot. In manchen Fällen ist es auch von einem roten Hintergrund umgeben.

Das war z.B. bei einem Homosexuellen der Fall, der wegen einer Lungenentzündung in ein Krankenhaus eingeliefert worden war. Ich wurde gebeten, ein Fernreading durchzuführen und sah, daß der Hintergrund, der ja gewöhnlich schwarz ist, glutrot war. Da es sich um ein Fernreading handelte, hatte ich keine zusätzliche Information über sein Krankheitsbild, aber ich vermutete, daß es um AIDS ging. Er starb kurz darauf; die Untersuchungen bestätigten, daß es tatsächlich AIDS war.

Bevor Sie mit einem Menschen zum erstenmal intim werden, sollten Sie unbedingt einen *body scan* vornehmen. Wie Sie wissen, geschieht das ganz unauffällig. Der Betreffende wird nichts davon merken. Sie brauchen ihn/sie weder zu berühren noch anzuschauen, und Sie können das Reading auch aus einiger Entfernung durchführen. Sollten Sie rote Stellen sehen, vergewissern Sie sich, welche Körperregionen betroffen sind. Achten Sie ebenfalls darauf, ob sich die Verfärbung im ganzen Körper bemerkbar macht oder im Hintergrund.

Ein solches Reading dient Ihrer persönlichen Information. Wenn Sie sehen, daß die Person, zu der Sie sich hingezogen fühlen, an einer jener Krankheiten leidet, sind Sie gewarnt. Ob es sich empfiehlt, den Betroffenen davon in Kenntnis zu setzen, ist allerdings fraglich. Es ist leicht möglich, daß Sie bei einem solchen gutgemeinten Versuch ins Fettnäpfchen treten. Denken Sie auch daran: Sie könnten sich irren!

Wenn Sie solche Anzeichen bei einem Ihrer Klienten bemerken, sollten Sie ihn davon unterrichten. Sagen Sie, daß etwas nicht in Ordnung zu sein scheint, aber nehmen Sie bitte keine Diagnose vor. Sagen Sie, daß Sie Hinweise auf eine Gesundheitsstörung sehen, und empfehlen Sie einen Arztbesuch. Der Ratsuchende muß dann selbst entscheiden, was zu tun ist.

Sie haben also die Möglichkeit, von vornherein festzustellen, ob ein möglicher Partner Träger bestimmter Krankheiten ist oder nicht. Falls Sie Zweifel an der Richtigkeit Ihres Readings bekommen, können Sie es bei Gelegenheit wiederholen. Bestätigt der zweite Durchgang das, was Sie im ersten gesehen haben, sollten Sie davon ausgehen, daß Sie Recht haben – und sich entsprechend verhalten.

Es muß nicht AIDS sein, wenn das gesamte Körperbild eines Menschen rot ist. Auch Krebs kann sich auf diese Weise zeigen, je nachdem, um welche Art es sich handelt. Enthalten Sie sich jeder Diagnose. Überlassen Sie das den Fachleuten.

Bisweilen wird es vorkommen, daß Sie bei einem Gesundheitsreading ein seltsames oder negatives Gefühl haben, obwohl alles in Ordnung zu sein scheint. Das ist z.B. der Fall, wenn eine Krankheit erst im Anzug ist. Auf der physischen Ebene mögen noch keine Symptome zu sehen sein, aber Sie spüren die negative Schwingung, die die bevorstehende Erkrankung ankündigt.

Mit der Zeit werden Sie herausfinden, daß es verschiedene Kanäle innerer Wahrnehmung gibt. Sie werden immer wieder erleben, daß Sie Dinge eher hören, fühlen oder erahnen als wirklich sehen. – Wenn Sie sich über den Gesundheitszustand eines möglichen Sexualpartners informieren wollen, sollten Sie auch darauf achten. Das Ergebnis des *body scan* genügt nicht, um eine mögliche Erkrankung auszuschließen.

Wenn Sie möchten, können Sie sich auch den Genitalbereich eines zukünftigen Partners näher anschauen. Konzentrieren Sie sich auf den Unterleib des/der Betreffenden, bis Sie die Geschlechtsorgane lokalisiert haben. Nehmen Sie Verfärbungen oder andere Anzeichen wahr, die auf eine Erkrankung hindeuten? Wenn Sie eine rote, gelbe, braune oder eine schmutzig wirkende Färbung sehen, sollten Sie davon ausgehen, daß etwas nicht in Ordnung ist. Egal, ob es sich um eine vorübergehende oder um eine chronische, unheilbare Erkrankung handelt: Es besteht Ansteckungsgefahr.

Anders verhält es sich mit schwarzen Verfärbungen. Nehmen wir an, Sie sehen folgendes Bild: einen hellen, klaren Vaginalbcrcich, in dessen Nähe ein schwarzer Fleck zu sehen ist. Hier kann es sich um die Spuren einer Operation handeln oder eines anderen Eingriffes. Eine Krankheit liegt nicht vor.

Bei einem Ratsuchenden, der eine Frau fürs Leben finden wollte, nahm ich eine gelbliche Verfärbung unterhalb der Lebenslinie wahr. Die Bilder, die sich bei näherer Betrachtung einstellten, zeigten, daß es sich um eine Geschlechtskrankheit handeln mußte, die ihm offenbar schon seit längerem zu schaffen machte. Er erzählte mir, er leide an Herpes, und das seit Jahren. Als er seine spätere Frau kennenlernte, zögerte er nicht, sie von seiner Krankheit in Kenntnis zu setzen. Da sie von Anfang an Bescheid wußte, konnte sie entsprechende Vorkehrungen treffen, um eine Ansteckung zu vermeiden.

Eine Klientin, die ebenfalls an Herpes litt, war ziemlich verunsichert und hatte Angst, sich auf eine Beziehung einzulassen. Sie fürchtete, aufgrund ihrer Erkrankung zurückgewiesen zu werden. Ich konnte sie jedoch beruhigen. Im Verlauf des Readings sah ich einen Mann, der zu ihr stehen würde. Sie lernte ihn wenige Monate später kennen, und die beiden leben heute in einer harmonischen Beziehung.

Es ist nicht leicht, jemandem, den man gut kennt, ein Reading zu geben. Neutralität ist eine wesentliche Voraussetzung für das Gelingen eines Readings; wir können oft diesen Menschen nicht die notwendige emotionale Distanz entgegenbringen. Wir möchten, daß sie gesund und glücklich sind, und sind eher bereit, unangenehme Dinge zu verdrängen, als der Wahrheit ins Gesicht zu sehen. Wenn Sie jedoch lernen, auch gegenüber Ihren Freunden und Verwandten neutral zu bleiben, können Sie ihnen unschätzbare Dienste erweisen. Wie wichtig ist es oft, gesundheitliche Störungen frühzeitig zu erkennen. Jede Verfärbung im Körperbild ist ein Alarmsignal, das beachtet werden sollte. Der/die Betreffende sollte sich bald einer ärztlichen Untersuchung zu unterziehen.

Sie wissen bereits, daß Sie einem Freund oder Verwandten Ihres Klienten ein Reading geben können, ohne daß dessen Anwesenheit erforderlich ist. Die Lebenslinie des/der Betreffenden erscheint neben der Ihres Klienten. Auch hier können Sie die verschiedenen Farben wahrnehmen, die Intensität der Linie, Aufwärts- und Abwärtsbewegungen und vieles mehr – so, als säße der/die Betreffende direkt vor Ihnen.

Zwei ehemalige Kursteilnehmerinnen waren rasch Freundinnen geworden. Wenig später ging Mary auf Geschäftsreise. Unterwegs suchte sie zwei Hellsehende auf und war mehr als erstaunt, als beide auf ihre Freundin Susan zu sprechen kamen und unabhängig voneinander die gleiche Vorhersage machten: Susan würde sich demnächst scheiden lassen und bald darauf wieder heiraten. Sogar der Name des Zukünftigen wurde genannt. Für Mary war das der beste Beweis, daß man nahe Freunde eines Klienten in das Reading einbeziehen kann.

Als Susan hörte, daß zwei hellsichtige Menschen ihre Scheidung vorhergesagt hatten, entschloß sie sich, selbst zu einem Reading zu gehen. Auch dort wurde ihr die Scheidung und eine neuerliche Eheschließung vorausgesagt. Keiner der Hellsehenden hatte jemals zuvor von Susan gehört, natürlich auch nicht, daß sie mit ihrem Mann bereits über Scheidung gesprochen hatte und daß diese unabwendbar schien.

Sie werden bereits jetzt ahnen, daß dem inneren Sehen keine Grenzen gesetzt sind. Überlassen Sie sich dem Strom der Bilder; vertrauen Sie Ihrer Intuition, und Sie werden alles sehen, was es zu sehen gibt. Das kommt Ihnen in vielerlei Hinsicht zugute. Neben der Frage, ob ein möglicher Partner gesund ist, können Sie auch klären, was auf Sie zukommt, sollten Sie mit diesem Menschen eine feste Beziehung eingehen. Beachten Sie seine/ihre Zukunftslinie und folgen Sie ihr, soweit Sie können. Sehen Sie Aufrichtigkeit, Zuverlässigkeit und Loyalität, so ist Ihre Wahl auf einen Menschen gefallen, der sich in einer Partnerschaft aller Voraussicht nach bewähren wird. Sollten Sie jedoch Verfärbungen wahrnehmen, Anzeichen für Untreue oder andere negative Eigenschaften, sollten Sie dem/der Betreffenden einen Laufpaß geben.

All diese Dinge können Sie selbst ausfindig machen, wenn es Ihnen gelingt, eine entsprechend neutrale Haltung einzunehmen. Sollte das nicht der Fall sein, wenden Sie sich an einen kompetenten Außenstehenden, und bitten Sie ihn um Hilfe.

4

Persönliche Beziehungen

In diesem Kapitel geht es um nahe zwischenmenschliche Beziehungen, wie sie uns etwa mit Freunden und Verwandten verbinden. Liebesbeziehungen im engeren Sinne – Beziehungen, in denen die Sexualität eine wesentliche Rolle spielt – sollen in einem späteren Kapitel besprochen werden. Natürlich ist es nicht immer möglich, diese Bereiche zu trennen.

Visualisieren Sie zu Beginn des Beziehungsreadings wieder einen geeigneten mentalen Rahmen. Vielleicht erinnern Sie sich an jenes Bild, das ich eingangs als Beispiel anführte: die rote Samttapete mit der ovalen Öffnung in der Mitte. Das ist der passende Rahmen für alle Herzensangelegenheiten. Stellen Sie sich also eine Wand vor, die mit einer solchen Tapete bespannt ist. Die Tapete kann auch gemustert sein, wenn Ihnen das besser gefällt. Sie sollten allerdings in jedem Beziehungsreading dasselbe Bild verwenden. In der Mitte dieser Wand befindet sich eine hellere Fläche, so, als habe dort einmal ein Bild gehangen, das man irgendwann entfernt hat. Ich persönlich stelle mir ein Oval vor, dessen Färbung leicht ins Gelbliche geht. Dieses Oval stellt das Herz des Ratsuchenden dar; auf der emotionalen, nicht auf der physischen Ebene.

Rund um diese Fläche tauchen die Gesichter jener Menschen auf, die Ihrem Klienten nahestehen. Jede dieser Personen nimmt einen bestimmten Platz ein. Vielleicht sehen Sie im unteren Teil ein junges Mädchen, das seinen Blick auf das Oval richtet. Sie können es Ihrem Klienten etwa folgendermaßen beschreiben: »Ich sehe ein junges Mädchen, das Sie vertrauensvoll anschaut. Ihr Blick ist voller Liebe. Sie verstehen sich sehr gut mit ihr.« Wenn Sie möchten, können Sie auch genauere Angaben über ihr Äußeres machen, ihre Haar- oder Augenfarbe, ihr Gesicht.

Natürlich gibt es auch Personen, die Ihrem Klienten andere Gefühle entgegenbringen. Sie sehen das an der Blickrichtung oder dem Gesichtsausdruck des/der Betreffenden. Ihrem Klienten können Sie hier z.b. sagen: »Ich sehe einen jungen Mann mit dunklen Haaren. Er hält seinen Blick von Ihnen abgewandt. Ich habe den Eindruck, er möchte seinen eigenen Weg gehen und leistet Ihnen einigen Widerstand. Bisweilen sieht er sich nach Ihnen um, d.h. Sie sind ihm nicht egal, er denkt an Sie. Aber er versucht seinen persönlichen Weg zu finden und möchte nicht, daß Sie sich einmischen.« Natürlich kann man solche Bilder verschieden auslegen, doch ich glaube, Sie werden genau das zum Ausdruck bringen, was für Ihren Klienten zum Zeitpunkt des Readings von Bedeutung ist.

Was immer Sie sehen, versuchen Sie nicht Ihrem Klienten etwas vorzumachen. Vergessen Sie nicht: Er kennt die Menschen, die Sie ihm beschreiben, und weiß meist ziemlich genau, welche Gefühle sie ihm entgegenbringen. Versuchen Sie also nicht, Dinge zu verschleiern oder zu beschönigen. Ihr Klient wird das sofort bemerken. Und es schadet Ihrem Ruf. Bleiben Sie bei der Wahrheit, egal ob es sich um gute oder schlechte Nachrichten handelt. Sollten Sie also Unstimmigkeiten zwischen Ihrem Klienten und einer ihm nahestehenden Person beobachten, sagen Sie ihm das. Das gehört zu Ihrem Job.

Es kommt immer wieder vor, daß Sie bei einem Herzreading keine Bilder sehen. Versuchen Sie nicht, irgend etwas zu erfinden. Sagen Sie Ihrem Klienten vielmehr, daß Sie gegenwärtig niemanden in seiner Nähe sehen. Er wird Ihnen mit Sicherheit bestätigen, daß er sich einsam fühlt. Jeder Mensch kennt solche Phasen. — Seien Sie ehrlich, auch zu sich selbst. Es lohnt sich. Ihre Readings werden immer besser und genauer, je mehr Sie sich und den Bildern und Eindrücken, die Sie empfangen, vertrauen.

Viele unserer Klienten wollen wissen, wie es um die Beziehung zu ihren Kindern bestellt ist. In diesem Teil des Readings können Sie die Frage leicht beantworten. Sie sind den Kindern wahrscheinlich schon im Herzreading begegnet. Jetzt können Sie sich ihre Lebenslinien ansehen, um näheren Aufschluß über ihr Leben und ihre Persönlichkeit zu erhalten; und auch darüber, was die Zukunft ihnen bringen wird. Bisweilen finden Sie Hinweise dafür, daß ein Kind mit besonderen Schwierigkeiten zu kämpfen hat. Machen Sie Ihren Klienten darauf aufmerksam, und helfen Sie ihm/ihr, sich mit dem Problem zu konfrontieren und nach Lösungsmöglichkeiten zu suchen. Vielleicht ist auch zusätzliche Hilfe notwendig, z.B. durch einen Familienberater oder Therapeuten.

Es ist nicht immer eindeutig, in welche Richtung eine Person schaut, die Sie im Herzreading wahrnehmen. So manche scheint gleichzeitig in zwei Richtungen zu blicken, zu Ihrem Klienten und von ihm fort. Sie befindet sich in einem Zwiespalt, sie fühlt sich Ihrem Klienten verbunden und strebt gleichzeitig von ihm fort. Es kann aber auch heißen, daß der/die Betreffende Ihrem Klienten feindschaftliche Gefühle entgegenbringt. Mit zunehmender Praxis lernen Sie, die Unterschiede wahrzunehmen. In der Regel gibt der Gesichtsausdruck des Betreffenden nähere Auskunft. Beachten Sie auch die Farbe und den Verlauf seiner Lebenslinie. Ist sie hell und klar oder verfärbt? Verläuft Sie eben oder wechselt sie häufig die Richtung (was auf Orientierungslosigkeit oder Instabilität des Betreffenden schließen läßt). Achten Sie auf alle Details. Manchmal sehen Sie auch Dinge, die Aufschluß über die Haltung geben, die Ihr Klient der betreffenden Person entgegenbringt. Sehen Sie z.B. seine/ihre Kinder in besonders auffälliger Kleidung, so muß das nicht heißen, daß sie sich wirklich so anziehen. Fest steht jedoch, daß Ihr Klient sie so sieht.

Wenn Sie eine Person, nach der Ihr Gegenüber fragt, nicht wahrnehmen, so ist das nicht Ihre Schuld. Sie können vielmehr annehmen, daß ihr Klient sich ihr nicht nahe fühlt. Dieser hat keinen Platz in seinem Herzen. Machen Sie ihm nichts vor. Geben Sie offen zu, niemanden zu sehen. Ihr Klient kennt den Betreffenden. – Was sollten Sie ihm auch über jemanden erzählen, den Sie noch nie gesehen haben?

Mitunter werden Sie auch das Gegenteil erleben. Sie sehen eine Person ganz klar vor Augen, aber Ihr Klient behauptet, sie nicht zu kennen. Wahrscheinlich irritiert Sie das zunächst, vor allem, wenn Sie erst begonnen haben, Beratungen zu geben. Meist handelt es sich um einen Menschen, der in der Vergangenheit Ihres Klienten eine wichtige Rolle spielte. Bitten Sie Ihren Klienten also, sich rückzubesinnen, und er wird sich seiner wahrscheinlich erinnern – auch wenn das erst nach Tagen oder Wochen geschehen mag. Vielleicht handelt es sich um einen Lehrer, den Großvater oder einen Jugendfreund. Die Menschen, die uns etwas bedeuten, vergessen wir niemals.

Wenn es um Kinder geht, kommt es immer wieder vor, daß Sie ein kleines Mädchen oder einen kleinen Jungen sehen, obwohl das »Kind« mittlerweile schon 30 Jahre oder älter ist. Für viele Mütter sind ihre Kinder ein Leben lang die Vier- oder Fünfjährigen, die sie einmal waren. Das war die Zeit, in der sie die größte emotionale Bindung zu ihren Kindern empfunden haben. Das Beispiel zeigt einmal mehr, daß Sie es im Reading mit dem Unterbewußtsein Ihrer Klienten zu tun haben. Das ist einer der vielen Punkte, in denen sich die innere Wahrnehmung vom sogenannten Gedankenlesen unterscheidet. Ein Grund mehr, diese Dinge nicht durcheinanderzubringen.

Viele Menschen möchten wissen, ob sie in der näheren Zukunft neue Bekanntschaften schließen werden. Wenn Sie sich dem rechten Teil ihrer Lebenslinie zuwenden, sehen Sie, welche Gesichter dort auftauchen. Geben Sie Ihrem Klienten eine Beschreibung und sagen Sie ihm, wann ungefähr er dieser Person begegnen wird. Wahrscheinlich ruft er Sie ein paar Monate später an und erzählt, er habe sie/ihn vor kurzem kennengelernt.

Die meisten Klienten, die mit dieser Frage zu Ihnen kommen, denken natürlich an eine Liebesbeziehung. Diesem Thema ist, wie gesagt, ein eigenes Kapitel gewidmet. Doch daneben gibt es auch andere wichtige Beziehungen im beruflichen oder persönlichen Bereich, ein neuer Chef z.B., ein neuer Kollege oder ein neuer Freund.

5

Spiritualität

Unter Ihren Klienten befinden sich Agnostiker, Atheisten, religiöse Fanatiker, kurz: Anhänger aller Glaubensrichtungen. Unabhängig davon sind die meisten, die zu Ihnen kommen, aufgeschlossene, warmherzige Menschen, die in den verschiedensten Angelegenheiten Rat und Hilfe suchen. Im folgenden lernen Sie eine Methode kennen, mit deren Hilfe Sie ermitteln können, welche Rolle die Bereiche »Glauben« und »Spiritualität« im Leben eines Menschen spielen.

Betrachten Sie die Lebenslinie Ihres Klienten, und halten Sie Ausschau nach kleinen Lichtpunkten oberhalb der Linie. Sie funkeln wie Sterne in der Nacht und zeigen an, inwiefern er/sie sich der Existenz höherer Dimensionen bewußt ist und versucht, mit ihnen in Kontakt zu treten – durch Gebet, Meditation, innere Einkehr oder andere Formen religiöser oder spiritueller Versenkung. Sie besagen auch, zu welcher Zeit Ihr Klient sich mit diesen Dingen beschäftigt hat oder beschäftigen wird und welche Bedeutung er ihnen zumißt.

In Abb. B, Nr. 2 sehen Sie solche Lichtpunkte in der Vergangenheit einer Klientin. Sie hatte als Kind einen starken, natürlichen Glauben, den sie – wie viele von uns – irgendwann aus den Augen verlor. Je mehr wir uns den Äußerlichkeiten des Lebens zuwenden, je mehr wir uns von den Anforderungen des Alltags und seinen diversen Zerstreuungsangeboten in Beschlag nehmen lassen, desto größer ist die Gefahr, daß wir unser spirituelles Erbe vergessen.

Ich sprach meine Klientin auf ihre einstige Beziehung zum Glauben an, und sie erzählte mir von früher, und wie gut es ihr damals tat, zu beten. Trotzdem hatte sie vor Jahren damit aufgehört. Dieses Gespräch hat ihr sehr geholfen. Sie entschloß sich, wieder an ihre religiösen Wurzeln anzuknüpfen. Seither fühlt sie sich um vieles besser, und ihr haben sich ganz neue Wege eröffnet.

Viele Menschen, die im religiösen Sinn erzogen werden, wachsen mit einer Lebensanschauung auf, an der sie sich – zumindest im Kindes- und Jugendalter – orientieren können. Wenn sie beginnen, eigene Wege zu gehen, verlieren viele den Kontakt zu ihren einstigen Überzeugungen. Es geht aber nicht nur der Glaube verloren, sondern oft auch das Selbstvertrauen und jene Selbstverständlichkeit, mit der sie sich einst durchs Leben bewegten. Nach einem Reading besinnen sich viele Klienten ihres früheren Glaubens und schöpfen daraus neue Kraft und neue Zuversicht. Ich habe in meiner langjährigen Praxis immer wieder beobachtet, daß Menschen, die jeglichen Glauben verloren haben, aus dem Gleichgewicht geraten wie

Abbildung C:

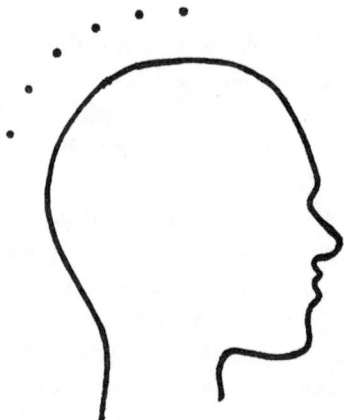

Nr. 1: Lichtpunkte, wie sie bei den meisten Menschen über dem Kopf zu sehen sind. Ich deute sie als Engel oder geistige Führer.

ein Schiff ohne Steuermann und sich leicht in dem Meer von Zerstreuungen verlieren, das heute angeboten wird.

Ähnliche Lichtpunkte können Sie über dem Kopf Ihres Klienten wahrnehmen (vgl. Abb. C, Nr. 1). Auch sie geben Auskunft über seine/ihre spirituelle Entwicklung. Ich persönlich deute diese Punkte als Engel, die den Klienten begleiten. In der Regel sehe ich einen bis fünf dieser Punkte, die meist strahlend weiß oder blau sind. Gelegentlich bin ich auch schon roten begegnet. Meinem Gefühl nach stehen diese Punkte für Engel verschiedenster Kategorien, die weißen sehe ich als Hauptengel, die blauen sozusagen als Nebenengel. Vor kurzem habe ich festgestellt, daß die roten Punkte z.T. auf akute Erkrankungen hinweisen.

Vielleicht deuten Sie diese Lichtpunkte anders, als ich es tue. Ich finde es aber dennoch wichtig, Ihnen meine Eindrücke zu schildern. Es gibt keine fixen Deutungsschemata! Es ist also immer wichtig, das eigene Gefühl zu befragen. Ich habe, wie gesagt, den Eindruck, daß es sich um Engel handelt und daß sie unsere Klienten begleiten; ohne sich allerdings in ihr Leben einzumischen. Sie warten darauf, bis wir sie um Hilfe bitten, durch Meditation, Gebet oder innere Einkehr. Es gibt verschiedene Techniken, die es uns ermöglichen, diese Engel oder geistigen Führer, wie sie heute auch gerne genannt werden, um Rat und Führung zu bitten.

Ich bin mir darüber im klaren, daß man das auch Einbildung nennen kann. Aber das ist für mein persönliches Empfinden eigentlich nicht von Bedeutung. Ich sehe das, was ich sehe. Und für mich ist alles so, wie ich es beschrieben habe. Sie mögen, wie gesagt, eine andere Erklärung haben. Ich glaube, letztendlich sind alle spirituellen Erfahrungen subjektiv und wir sind ganz auf unser persönliches Empfinden angewiesen. Ich stehe zu dem, was ich fühle. Das heißt aber nicht, daß ich nicht offen wäre für andere Deutungen. Ich bin auch bereit, meine Meinung zu ändern, sollte mir jemand eine andere, überzeugendere Auslegung anbieten.

Doch kehren wir zu unseren Klienten zurück: Spiritualität und Glauben spielen, wie gesagt, eine wichtige Rolle. Die Entwicklung unseres spirituellen bzw. religiösen Bewußtseins verändert unser Leben zum Positiven. All denen, die nach Erfüllung und Sinn suchen, können Sie ungemein helfen, wenn Sie ihnen das verständlich machen. Die positiven Auswirkungen eines solchen Bewußtseinswandels machen sich sofort in der Lebenslinie des/der Betreffenden bemerkbar. Sie werden z.B. eine deutliche Aufhellung oder einen markanten Aufschwung in der Zukunftslinie beobachten können.

Denken Sie daran, Ihr Klient kann seine Zukunft verändern, wenn er bereit ist, seinem Denken eine neue Richtung zu geben. Und das können wir alle. Wir sind das, was wir denken, und wenn wir uns und unser Leben mit anderen Augen sehen, können wir unsere kühnsten Träume verwirklichen.

Ihnen werden natürlich auch Menschen begegnen, in deren Lebenslinie keine Anzeichen für eine spirituelle Neigung zu finden sind. Viele glauben, daß nur das wirklich ist, was sie sehen und wissenschaftlich beweisen können, und lehnen jede geistige Sicht der Dinge ab. Das ist es jedenfalls, was ihnen ihr Verstand sagt. Wenn sie zu einem Reading kommen, dann eher, um uns auf die Probe zu stellen, als um Rat zu bitten. Nach dem Reading sind allerdings die meisten ziemlich erstaunt. Sie hätten nie erwartet, so genaue Angaben zu erhalten, und sie müssen wohl oder übel eingestehen, daß es so eine Art »sechsten Sinn« zu geben scheint.

Für einen eingefleischten Skeptiker ist es bereits ein gewaltiger Schritt, wenn er Dinge anerkennt, deren Wahrheitsgehalt er persönlich nicht überprüfen kann. Damit beginnt er, sich den tieferen Zusammenhängen des Lebens zu öffnen, und ihm wird langsam klar, daß es mehr gibt, als wir ahnen oder in irgendeiner verbindlichen Form nachweisen können. Viele, die als Skeptiker zum ersten Reading kamen, sind nachher eifrige und überzeugte Schüler geworden. Sie haben begriffen, daß sich ihnen hier völlig neue Möglichkeiten auftun.

Sie können also sehen, in welchem Maße Ihr Klient sich mit spirituellen Dingen befaßt, befaßt hat oder befassen wird. Und Sie können ihm helfen, seine spirituelle Entwicklung voranzu-treiben, indem Sie ihm Techniken an die Hand geben, die ihn für die Welt der inneren Bilder, Ahnungen und Impulse emp-fänglich machen; jene Welt, die er in der Vergangenheit – zumindest als Erwachsener – vielleicht zu ignorieren pflegte.

Ich will niemanden bekehren, und ich will auch niemandem etwas aufzwingen. Trotzdem empfehle ich meinen Klienten, ihren spirituellen Interessen nachzugehen; denn ich weiß, daß ihnen das guttun und zu ihrer persönlichen Entwicklung bei-tragen wird. Ich ermutige sie, sich aktiv in einer Glaubens- oder anderen spirituellen Gemeinschaft zu betätigen und nicht nur materielle, sondern auch geistige Ziele zu verfolgen. Ihr ehr-liches Interesse am Wohlergehen Ihres Klienten wird ihm hel-fen, tieferen Einblick in die wahre Bedeutung des Lebens zu nehmen. Und es wird ihm auch helfen, ein besseres Verständ-nis für sein eigenes Seelenleben und das seiner Mitmenschen zu erlangen.

6

Finanzen

Viele Menschen kommen mit Fragen bezüglich ihrer finanziellen Situation zu Ihnen. Die Themen Beruf, Geld und finanzielle Sicherheit haben für viele einen hohen Stellenwert und sind wesentlicher Bestandteil eines Readings. Es ist also wichtig, auch auf diesem Gebiet Auskunft geben zu können.

Seien Sie unbesorgt. Das Reading zum Thema Finanzen unterscheidet sich nicht wesentlich von dem, was Sie bisher gelernt haben. Wenn Sie sich an die beschriebenen Techniken halten, werden Sie sich auch auf diesem Gebiet bewähren. Beginnen wir bei der mentalen Haltung. In den zuvor besprochenen Herzens- und Glaubensdingen war eine einfühlsame, anteilnehmende Haltung angebracht. Hier geht es jedoch nicht mehr um Emotionen, sondern um Fakten. Gefordert ist eine dementsprechend sachliche, nüchterne Haltung. Sie werden feststellen, daß das Reading jetzt sogar einfacher wird; denn es ist leichter, bei der Behandlung von Geldangelegenheiten neutral zu bleiben als bei sehr persönlichen und emotionalen Themen. Das Finanzreading ist eine gute Gelegenheit zum Luftholen, bevor Sie sich im folgenden erneut dem Thema Beziehungen zuwenden.

Hinweise auf Geld zeigen sich in der Lebenslinie Ihres Klienten in der Farbe Grün. (Je nach Landeswährung werden Sie statt grün – die Farbe der Dollarscheine – hier vielleicht blau, braun o.ä. als Geldfarbe sehen.) Folgen Sie der Linie von links nach rechts und beobachten Sie, wo grüne Stellen zu finden sind. Vielleicht sehen Sie eine grüne Parallellinie, oder die Lebenslinie selbst ist grünlich gefärbt. Vielleicht sehen Sie einen grünen Punkt am Fuße einer Steigung. Das ist dann der Fall, wenn ein Aufschwung im Leben Ihres Klienten auf einen finanziellen Erfolg zurückzuführen ist. Es kann aber auch sein, daß Sie über weite Strecken kein Grün sehen. Wenn Sie das Gefühl haben, daß sich an der finanziellen Lage Ihres Klienten in nächster Zeit nichts ändern wird, können Sie die Linie weiter verfolgen, um zu sehen, ob später mit einer Änderung zu rechnen ist.

Natürlich sehen Sie mitunter auch Verluste, etwa aufgrund von Fehlinvestitionen oder Arbeitslosigkeit. Anzeichen für eine Verschlechterung der finanziellen Situation ist ein Verblassen oder Verschwinden der Grünfärbung entlang der Lebenslinie. Sie sehen es auch, wenn Ihr Klient plötzlich zu Geld kommt. Zögern Sie nicht, jemandem einen unerwarteten Gewinn vorherzusagen — auch wenn Sie sich nicht erklären können, woher er kommen mag. Der Betroffene weiß oft selbst nicht, wie ihm geschieht. In solchen Fällen handelt es sich meist um Gewinne, Geschenke, Erbschaften oder andere Glücksfälle. Zerbrechen Sie sich nicht den Kopf darüber, woher das Geld kommt; sagen Sie Ihrem Klienten, daß es kommt.

In Abb. B, Nr. 3, sehen Sie einen sprunghaften Anstieg in der Lebenslinie eines Klienten. Wenn sich am Fuße einer solchen Steigung ein grüner Punkt befindet, können Sie schließen, daß es um die finanzielle Zukunft des/der Betreffenden gut bestellt ist. Grund für diesen Aufschwung ist z.B. eine Beförderung mit überdurchschnittlicher Gehaltserhöhung; auf jeden Fall sieht Ihr Klient größerem Wohlstand und besseren Zukunftschancen entgegen. Leider gibt es auch Beförderungen ohne nennenswerte Gehaltserhöhung. In diesem Fall ist kein grüner Punkt zu sehen. Ihr Gegenüber darf sich dann über mehr Verantwortung, eine größere Herausforderung oder eine andere positive Veränderung freuen, nicht aber über einen Einkommenszuwachs.

Wenn Sie mental auf das Thema Geld eingestimmt sind, werden Sie auch dementsprechende Informationen erhalten.

Sie brauchen sich also keine Gedanken darüber zu machen, ob es Ihnen gelingen wird, Informationen zum jeweiligen Thema zu bekommen. Was die Methode anbelangt, so gibt es keinen wesentlichen Unterschied zu den zuvor besprochenen Readings. Es gibt lediglich einen neuen inhaltlichen Schwerpunkt. Sie untersuchen dieselbe Lebenslinie, aber unter einem anderen Blickwinkel. Egal unter welchen Gesichtspunkten Sie diese Linie betrachten, Sie bekommen stets die Art von Information, nach der Sie Ausschau halten – sofern Sie gelernt haben, sich in adäquater Weise auf das jeweilige Thema einzustimmen.

Die Methoden und Techniken, die Sie hier kennenlernen, sind Werkzeuge, mit deren Hilfe Sie Ihre seherischen Fähigkeiten entwickeln und vervollkommnen können. Sie werden in immer tiefere Dimensionen vordringen, wenn Sie erst gelernt haben, wonach Sie Ausschau halten müssen. Es gibt nichts, was Sie nicht sehen könnten – vorausgesetzt, Sie wollen es sehen und wissen, wie Sie vorzugehen haben.

Doch nun zurück zum Thema Finanzen. Wenn Ihr Klient Sie bittet, die Aussichten seiner Aktien zu beurteilen, werden Sie wahrscheinlich verschiedene, zum Teil widersprüchliche Informationen erhalten. Zum einen ist da Ihr Klient, und Sie nehmen die Gefühle wahr, die er/sie bezüglich des Geschäftes hat, das ja bereits abgeschlossen wurde. Zum anderen gibt es die Aktie, und Sie werden bei entsprechender Einstimmung ganz genau sehen, wie es wirklich um sie steht.

Aktien und Anleihen sind Spiegel eines Unternehmens, und Unternehmen verdanken ihren Erfolg oder Mißerfolg jenen Menschen, die sie aufgebaut haben, und jenen, die sie führen. Die Frage, wie eine Aktie oder ein Unternehmen sich entwickeln wird, ist also sehr komplex. Doch dazu später. Zunächst genügt es, wenn Sie sich einen generellen Eindruck über die Zukunft des betreffenden Unternehmens verschaffen. Achten Sie darauf, welche Gefühle in Ihnen aufsteigen, ob Sie Wachstum oder Stagnation wahrnehmen. Stellt sich bezüglich einer Investition Schwere oder ein anderes negatives Gefühl ein, so sollten Sie sich unbedingt deren Lebenslinie näher anschauen. Eine solche Linie sieht aus wie die eines Menschen und ist auch in ähnlicher Weise zu deuten. Sie steigt oder fällt, oder sie verläuft eben. Sollten Sie Schwarz unterhalb oder in der Nähe der Linie sehen, ist das auf jeden Fall ein schlechtes Zeichen, und Sie tun gut daran, die Finger von solchen Geschäften zu lassen. Es handelt sich in der Regel um Verlustgeschäfte, und zwar um solche, die durch dunkle Machenschaften in den Rängen der Unternehmensleitung zustande kommen.

Ein junger Mann, der vor einer wichtigen Entscheidung stand, bat mich um eine Beratung. Er wollte sich an einem Geschäft beteiligen, das Auswirkungen auf seine zukünftige politische Laufbahn haben würde. Ich nahm ein Bild jenes Mannes wahr, der ihm die Beteiligung vorgeschlagen hatte. Mir fiel auf, daß er von etwas Dunklem umgeben war, und ich empfahl meinem Klienten, sich die Sache näher anzuschauen und nichts zu überstürzen. Er gab zu, daß es in der Vergangenheit seines potentiellen Partners einige Unregelmäßigkeiten gegeben hatte, glaubte aber, ihm jetzt vertrauen zu können. Wie ich hörte, entschloß er sich dann schließlich doch dazu, das Geschäft sausen zu lassen. Das war eine sehr weise Entscheidung, wie sich später herausstellte.

Viele Klienten werden Sie bezüglich einer geplanten Investition um Rat bitten. Sie haben oft mehrere Möglichkeiten zur Wahl und wissen nicht, welche Entscheidung sie treffen sollen. Wenn Sie dieser Frage nachgehen, werden Sie beobachten, daß von der Zukunftslinie Ihres Klienten verschiedene Nebenlinien abzweigen. Solche Ausläufer stehen für kürzerfristige Interessen und beziehen sich hier auf Investitionen oder andere Geldgeschäfte. Achten Sie auf Anzahl, Intensität, Helligkeit und Länge dieser Linien. Sie sehen also eine, zwei, drei oder mehr Nebenlinien. Die kräftigste ist in der Regel die, der Ihr Klient folgt bzw. folgen sollte. Nehmen wir an, es wäre die dritte. Ich sage meinem Klienten dann, daß er sich, soviel ich

sehe, für die dritte Möglichkeit entscheiden wird. – Auch wenn
Sie gar nicht wissen, um was es geht, können Sie sehen, wie Ihr
Klient sich wahrscheinlich verhalten wird.

Ratsuchende sind natürlich nicht an unsere Vorhersagen
gebunden, sie können und müssen sich selbst entscheiden. Sie
werden jedoch feststellen, daß sie sich fast ausnahmslos so
verhalten, wie Sie es vorausgesehen haben. Und für gewöhnlich war das auch die richtige und beste Wahl, die sie zum
gegebenen Zeitpunkt treffen konnten.

Nebenlinien können, wie gesagt, auch für andere vorübergehende Interessen stehen, für Hobbys, für alles, was Sie beruflich oder in der Freizeit ausprobieren, oder für viele andere
Dinge des täglichen Lebens. Wenn Sie jedoch auf das Thema
Geld eingestimmt sind, wird auch der Großteil der Informationen, die Sie empfangen, mit diesem Thema zusammenhängen.

Es gibt die verschiedensten Möglichkeiten, Geld anzulegen:
neben Aktien und Anleihen auch Grundstücke, Immobilien,
Edelsteine oder Kunstwerke, um nur einige zu nennen. Mit der
Zeit werden Sie ein Gespür dafür entwickeln, welche Art von
Investition zu Ihrem Klienten paßt. Bei solchen Entscheidun-
gen spielt nämlich die Persönlichkeit eines Menschen eine
wichtige Rolle. Achten Sie während des Finanzreadings also
auch auf Eindrücke, die Sie hinsichtlich der Neigungen und
Anschauungen Ihres Klienten erhalten. Dann spüren Sie sofort,
in welchem Bereich er/sie investieren sollte. Sagen Sie, was Sie
für richtig halten. Ihr Klient wird seine eigene Entscheidung
treffen, wenn es soweit ist.

Bei einem Reading bezüglich möglicher Investitionen ist es
oft gar nicht so leicht, die richtige Information herauszufiltern.
Der Ratsuchende weiß in der Regel nichts oder kaum etwas
über das Unternehmen, in das er investieren will. Und die
Gefühle, die er der Sache entgegenbringt, sind meist rein subjektiv und höchst ungeeignet, eine gute Entscheidung zu treffen. Sollten Sie also das, was in Ihrem Gegenüber vorgeht,

irrtümlicherweise für eine Information über den wirklichen Stand der Dinge halten, dann kommen Sie zu völlig falschen Ergebnissen.

Wenn es Ihnen nicht gelingt, sich ganz auf die Sache selbst, die fragliche Investition, einzustimmen – und sich von dem zu lösen, was an Wünschen und Ängsten von seiten Ihres Klienten kommt –, sollten Sie diese Art von Reading lieber nicht geben. Hier ist wirklich eine ganz andere mentale Haltung erforderlich als bei den bisher besprochenen Themen. Hier geht es um Fakten. Sollte es Ihnen also schwerfallen, sich umzustellen, lassen Sie sich Zeit. Konzentrieren Sie sich auf jene Gebiete, die Ihnen besonders liegen; so lange, bis Sie sich dort ganz sicher fühlen. Gehen Sie Schritt für Schritt, und überstürzen Sie nichts. Ihre Fähigkeiten wachsen mit zunehmender Übung. Und eines Tages werden Sie wissen, worauf es bei einem Investitionsreading ankommt. Dann können Sie vielen Menschen helfen, ihr Geld gut anzulegen und sich eine vielversprechende Zukunft zu sichern.

Wenn Sie sich mit Nebenlinien beschäftigen, wird Ihnen hier und da folgendes Bild begegnen: Ein zunächst kleiner Ausläufer entwickelt sich zu einer Parallellinie, die unterhalb der Hauptlinie verläuft, sich schließlich aufschwingt und zur neuen Hauptlinie wird. Das ist z.B. der Fall, wenn Ihr Klient plant, sich selbständig zu machen. Eine Tätigkeit, die er zunächst neben seinem Beruf verfolgte, wird mit der Zeit immer wichtiger und rückt schließlich in den Mittelpunkt des Interesses. Sie werden feststellen, daß das vor allem bei Geschäftsleuten und anderen, nach Unabhängigkeit strebenden Menschen zu beobachten ist, die es vorziehen, für sich zu arbeiten, anstatt für jemand anderen. Wenn Sie der Lebenslinie folgen, können Sie sehen, wann sich der Schritt vom Angestellten zum Unternehmer vollzieht.

Wenn man Sie bittet, einem Unternehmen ein Reading zu geben, werden Sie gut daran tun, sich zunächst alle einflußreichen Personen und alle, die in diesem Unternehmen etwas zu sagen haben, einzeln anzuschauen. Erst dann können Sie sich ein wirklich umfassendes Bild davon machen, was in Zukunft von dem fraglichen Unternehmen zu erwarten ist. Häufen sich die Probleme bereits auf der persönlichen Ebene, dann können Sie sicher sein, daß auch das Unternehmen selbst bald in Schwierigkeiten geraten wird. Jedes Unternehmen besteht aus den Menschen, die in ihm arbeiten – und wir alle neigen dazu, unsere Schwächen und Stärken auf die Dinge zu projizieren, die wir erschaffen. Mit anderen Worten: Sie können von einem Bankräuber nicht erwarten, daß er jemals ein guter Bankdirektor wird. Umgekehrt wird sich ein aufrichtiger, verantwortungsbewußter Mensch nicht so schnell auf betrügerische Geschäfte einlassen. Er wird vielmehr alles daran setzen, seiner Firma zum Erfolg zu verhelfen.

Gehen Sie in einem solchen Reading sorgfältig und besonders aufmerksam vor. Es ist hier Ihre Aufgabe, mögliche dunkle Absichten Ihres Gegenübers aufzuspüren. Achten Sie auf Schatten, negative Untertöne und sonstige, oft versteckte Anzeichen, die darauf hindeuten, daß der/die Betreffende den Erfolg des Unternehmens untergraben könnte.

In meiner langjährigen Tätigkeit auf den verschiedensten psychologischen Gebieten, unter anderem auch in der forensischen Hypnose und bei Personalauswahlverfahren, habe ich viel von der dunklen Seite des Menschen zu sehen bekommen. In einem Reading halte ich dann nach diesen Dingen Ausschau, wenn es um Geschäfte oder finanzielle Transaktionen eines Klienten geht, der mit seinen zukünftigen Partnern noch nie zu tun hatte. Ich bin schon in so mancher Lebenslinie auf Schwarz gestoßen, und es hat sich leider gezeigt, daß die Betreffenden, zumindest was Geschäfte anbelangte, weder ehrlich noch zuverlässig waren. Da muß man einfach mit Betrügereien rechnen. Wenn Sie Schwarz sehen, betrachten Sie das als Warnung, und verhalten Sie sich entsprechend.

Ich wurde einmal von der Polizei gebeten, einen »Ehrlichkeitstest« mit einem Mann durchzuführen, der beschuldigt wurde, Waren von einem Lkw gestohlen zu haben. Während des Testes – der übrigens nichts mit innerem Sehen zu tun hatte – sah ich plötzlich ein Bild dieses Mannes. Er stand am hinteren Ende des Lkw und war dabei, Waren abzuladen. Das Testergebnis ließ auf Betrug schließen, und er gab schließlich zu, an dem Diebstahl beteiligt gewesen zu sein.

Sprechen Sie aber bitte keine Verdächtigungen aus, nur weil Sie entsprechende Bilder oder Eindrücke empfangen haben. Vielleicht haben Sie die Dinge falsch aufgefaßt oder falsch gedeutet. Sie können sich selbst oder den anderen in diesem Fall in eine sehr unangenehme Situation bringen. Registrieren Sie einfach das, was Sie wahrnehmen, und richten Sie das weitere Reading danach aus. Achten Sie auch auf Charakterzüge, wie Ehrlichkeit, Offenheit und Verläßlichkeit, und ziehen Sie keine vorschnellen Schlüsse.

Macht ein Klient unehrliche Angaben, so fällt Ihnen das auch in einem normalen Reading auf. So erging es mir bei einem Mann, der Probleme mit dem Alkohol hatte: Als er versicherte, er würde nie mehr einen Tropfen anrühren, bemerkte ich einen schwarzen Schatten in der Nähe seines Kopfes. Da war mir klar, daß dem nicht so sein würde, und innerhalb einer Woche bestätigte sich meine Vermutung.

Folgendes Beispiel finde ich besonders interessant: Ein Mann, der in der hiesigen Kirche einen Vortrag über Gedächtnistraining hielt, beeindruckte mich sehr. Er kannte die gesamte Bibel auswendig, ob Sie es glauben oder nicht. Auch seine Methoden, wie er den Kindern beibrachte, Bibelstellen auswendig zu lernen, gefielen mir sehr. Nach einiger Zeit kam mir jedoch ein Bild, das mir zu denken gab. Ich sah eine große weiße Fläche über einer kleineren, ebenfalls weißen Fläche und hatte das Gefühl, daß dieser Mann versuchte, seinen Glauben mit seinem Bibelwissen in Einklang zu bringen; was ihm aber nicht wirklich gelang. Sein Wissen war ohne Zweifel sehr groß, aber ich spürte, daß er nur zum Teil an das glaubte, was er sagte. Es gab keinerlei Anzeichen für irgendeine betrügerische

Absicht, kein Schwarz, nichts. Trotzdem stimmte etwas nicht.
Später deutete er an, daß auch er Probleme habe, in seiner Ehe
z.B. und in anderen persönlichen Bereichen. Ich fand darin
meinen Eindruck bestätigt, daß sein Glaube nicht Schritt halten
konnte, daß er sich selbst nicht wirklich an das halten konnte,
was er sagte.

Fassen wir zusammen: Wenn Sie ein Finanzreading geben,
werden Sie weitaus öfter Gefühlen von Habsucht oder Eigen-
nutz begegnen, als das normalerweise der Fall ist. Und Sie
werden auch wiederholt auf betrügerische Absichten und
Handlungen stoßen. Seien Sie also vorsichtig, und überlegen
Sie genau, wie Sie diese Dinge Ihren Klienten gegenüber ansprechen.

Vielleicht möchten Sie selbst eines Tages Aktien kaufen oder
Ihr Geld auf eine andere Art anlegen. Dann sollten Sie folgendermaßen vorgehen: Sammeln Sie zunächst so viel Information wie möglich über die in Frage kommenden Unternehmen,
deren Geschäftsleitung, deren Aufsichtsrat und alle anderen
Personen, die an einflußreicher Stelle sitzen. Entspannen Sie
sich, und gehen Sie das Material durch, völlig offen und unvoreingenommen. Registrieren Sie, welche Eindrücke und Gefühle Sie dabei haben. Entscheiden Sie sich für jenes Unternehmen, das Ihnen hinsichtlich Sicherheit, Wachstum und Pro-
sperität das beste Gefühl vermittelt.

Um sicherzustellen, daß Sie Ihre seherischen Fähigkeiten und
nicht Ihren Verstand sprechen lassen, können Sie folgendes
tun: Ordnen Sie Ihre Unterlagen so an, daß Sie nicht mehr
erkennen, zu welchem Unternehmen sie gehören. Nehmen Sie
sich die einzelnen Stapel vor, und Sie werden spüren, welcher
den größten Gewinn verspricht. Alles, was Sie jetzt noch tun
müssen, ist, sich auf Ihr Gefühl zu verlassen und dementsprechend zu handeln. Konzentrieren Sie sich nun auf Ihre Lebenslinie, und stellen Sie sich darunter eine grüne Linie vor. Diese
gibt, wie Sie wissen, Auskunft über Ihre finanzielle Situation.
Beobachten Sie, welchen Verlauf diese Linie nimmt, wenn Sie

sich den einzelnen Unternehmen bzw. Stapeln erneut zuwenden. Dort, wo Sie den größten Aufschwung nimmt, ist auch der größte Gewinn zu erwarten.

Es wird Ihnen wahrscheinlich leichter fallen, ein solches Auswahlverfahren für einen Freund oder Klienten vorzunehmen. Wenn Sie in eigener Sache tätig sind, ist es natürlich schwerer, neutral zu bleiben. Auch mir gelingt das nicht immer. In der Regel bitte ich einen Außenstehenden um ein zusätzliches Reading. Dabei stellt sich dann heraus, ob das, was ich wahrgenommen habe, den Tatsachen entspricht. In finanziellen Angelegenheiten ist die Gefahr ziemlich groß, daß Ihre Phantasie mit Ihnen durchgeht und Sie in die Irre führt.

Über Methoden und Techniken zum Thema Kapitalvermehrung könnte man ganze Bücher schreiben. Ich habe Ihnen hier nur ein paar grundlegende Dinge gezeigt. Wenn Sie wollen, können Sie der Sache nachgehen. Sie werden dann selbst herausfinden, welche Methode für Sie die günstigste ist. Fangen Sie jedenfalls mit kleineren Investitionen an. Nehmen Sie sich genügend Zeit zu beobachten, welche Entwicklung die einzelnen Anlagen nehmen, die Sie in Erwägung gezogen hatten. Auf größere Geschäfte sollten Sie sich erst dann einlassen, wenn Sie sich davon überzeugt haben, daß Sie sich auf Ihr Gefühl verlassen können.

7

Liebesbeziehungen

Das Thema, das den meisten unserer Klienten besonders am Herzen liegt, ist die Liebe. Die einen möchten wissen, wie es um ihre bestehende Beziehung bestellt ist, die anderen fragen, was die Zukunft ihnen in der Liebe bringt, und wieder andere kommen, weil sie mit ihrem gegenwärtigen Partner Probleme haben. In vielen Fällen dreht sich das gesamte Reading um dieses Thema.

Sie werden bereits wissen, wie Sie sich mental auf dieses Reading einstimmen können. Rufen Sie sich wieder das Bild der roten Samttapete mit dem helleren Oval in der Mitte vor Augen, und kehren Sie zu jener anteilnehmenden Haltung zurück, die bei der Behandlung von Herzensangelegenheiten und allen sehr persönlichen Themen angebracht ist. In solchen Readings werden Sie Schönes sehen, aber auch weniger Schönes und bisweilen auch recht unschöne Dinge. Öffnen Sie sich dem emotionalen Bereich in seiner ganzen Fülle, der Liebe, der Nähe, und allen möglichen anderen, extremen Gefühlen.

Immer wenn es um Gefühle geht, müssen Sie besonders darauf achten, neutral zu bleiben. Lassen Sie sich nicht emotional in die Situation hineinziehen, sonst verstricken Sie sich womöglich in Ihren eigenen Gefühlen. Den Ratsuchenden ist damit nicht geholfen. Sie brauchen keine »guten Ratschläge«, sondern die Sicht eines neutralen Beobachters, eines Außenstehenden. Die Lage eines Klienten kann Ihnen sehr zu Herzen gehen, und es ist möglich, daß Ihr Mitgefühl Sie jeden Anspruch auf Objektivität vergessen läßt. Mit der Übung werden Sie jedoch lernen, auch in solchen Fällen Distanz zu Ihren persönlichen Gefühlen zu bewahren. Nur dann können Sie ein gutes Reading geben, und nur dann können Sie Ihren Klienten wirklich gut beraten.

Beginnen Sie mit einem Herzreading. Machen Sie sich frei von allen Eindrücken und Bildern, die Sie bisher empfangen haben, von allen früheren Readings oder Gesprächen. Stellen Sie sich von neuem die samtbespannte Wand vor und das Oval in der Mitte wie eine unberührte Leinwand. Sie werden sodann den/die Partner/in Ihres Klienten wahrnehmen. Erscheint sein/ihr Bild im Zentrum des Ovals, so handelt es sich um jenen Traumpartner, der die Bedürfnisse Ihres Klienten voll und ganz befriedigt. Sein Herz – das Herz Ihres Klienten – gehört ganz diesem geliebten Menschen, und es gibt nichts, was wichtiger sein könnte als er/sie. Eine solche Beziehung entspricht jedoch mehr dem Ideal als der Wirklichkeit, und Sie werden nur selten zwei Menschen begegnen, die sich derart innig zugetan sind. Dementsprechend werden Sie feststellen, daß das Bild des Partners in den meisten Fällen nur einen Teil des Ovals ausfüllt. Das heißt, die Bedürfnisse Ihres Klienten werden nur teilweise befriedigt, und er/sie wird wahrscheinlich das Gefühl haben, daß in der Beziehung etwas fehlt. Je größer die leere Fläche im ovalen Herzbild, desto geringer die Erfüllung, die Ihr Klient in seiner Beziehung findet.

Sehen Sie sich als nächstes die Blickrichtung des Partners an. Richtet er seinen Blick in die Mitte des Ovals, so geht er ganz in der Beziehung auf. Die Partnerschaft steht an erster Stelle. Oft werden Sie jedoch beobachten, daß sein Blick gleichzeitig auch in eine zweite Richtung geht. Dann gibt es auch andere, gleichwertige Interessen im Leben des Partners, denen er/sie sich immer wieder mit voller Aufmerksamkeit zuwendet. Dabei kann es sich um berufliche Interessen handeln, um Beziehungen zu anderen Menschen, aber auch um Egozentrik oder persönliche Probleme, die unter Umständen die Fähigkeit dieses Menschen, sich von ganzem Herzen auf eine Beziehung einzulassen, einschränken könnte. Wenn eine Beziehung nicht so ist, wie sie sein sollte, muß das aber nicht heißen, daß einer der beiden Partner nicht liebesfähig oder nicht hingebungsvoll genug ist. In vielen Fällen gibt es eine einfache psychologische Erklärung: Diese beiden Menschen passen nicht zusammen, zumindest nicht in dem Maße, wie es für eine erfüllende, befriedigende Beziehung erforderlich wäre.

Untersuchen Sie als nächstes die Einstellung, die der Partner Ihrem Gegenüber entgegenbringt. Liegt sein Bild tiefer als das Oval und hält er den Blick gesenkt, so hat er das Gefühl, weniger Wert zu sein als Ihr Klient. Das heißt aber auch, daß er ihm mit sehr viel Achtung begegnet. Liegt das Bild des Partners höher als das Oval, so ist das ein Zeichen dafür, daß er auf Ihren Klienten herabsieht. Er begegnet ihm/ihr mit Herablassung oder ist bemüht, in der Beziehung eine dominante Position einzunehmen.

In den meisten Readings wird sich zeigen, daß beide Partner in ihrer Beziehung nicht genau das finden, was sie suchen. Sie haben nicht den Menschen gefunden, der all ihre Bedürfnisse befriedigt. Und Sie werden auch sehen, wie die einzelnen darauf reagieren. In diesem Zusammenhang lassen sich die unterschiedlichsten emotionalen Reaktionen beobachten. Sie sind also in der Lage, die Liebesbeziehungen Ihrer Klienten sehr genau zu untersuchen.

Von Zeit zu Zeit werden Sie auch mit Menschen zu tun haben, in deren Herzen es leer aussieht. Das heißt, gegenwärtig gibt es in ihrem Leben niemanden, der/die ihre emotionalen oder sexuellen Bedürfnisse befriedigt. Es kann durchaus sein, daß Ihr Klient verheiratet ist oder in einer Beziehung lebt. Und trotzdem findet er keine Erfüllung. Statt dessen empfindet er ein Gefühl des Mangels, eine gewisse Leere. Es wird ihn mit Sicherheit erleichtern, wenn Sie dieses Thema zur Sprache bringen.

Oft wenn Sie ein Reading zum Thema Liebe geben, werden Sie Personen begegnen, die in der Vergangenheit Ihrer Klienten eine Rolle gespielt haben. Das ist vor allem der Fall, wenn ein

Klient bisher nicht in der Lage war, sich aus einer früheren Bindung zu lösen – unabhängig davon, wie lange diese Beziehung nicht mehr besteht. Denken Sie daran, in einem Reading tritt das zutage, was im Unterbewußtsein Ihres Klienten gespeichert ist. Ein früherer Partner kann einen solch starken Eindruck hinterlassen, daß es unmöglich erscheint, ihn jemals zu »vergessen«. Besonders dann, wenn es sich um die große Liebe handelte und die Beziehung, etwa durch den Tod des Partners, ein jähes Ende fand; oder durch andere Umstände, die keine Haß- oder Rachegefühle hinterließen und an der Liebe zwischen den Partnern nichts änderten.

Sie werden in einem Reading zum Thema Liebe auch immer wieder Personen begegnen, die keine intime Beziehung mit Ihrem Klienten hatten: einem älteren Menschen z.B., dem Ihr Klient sich einst sehr verbunden fühlte und den er sehr verehrte. Dieser Mensch hat einen festen Platz im Herzen Ihres Klienten, aber wenn Sie im Zuge des Readings eine Beschreibung dieser Person geben, weiß Ihr Klient oft nicht, wer gemeint ist. Es dauert meist eine Weile, bis er sich schließlich an jemanden erinnert, den er vor langer Zeit – häufig in der Jugend – gekannt hat. In der Regel handelt es sich, wie gesagt, um Personen, denen Ihr Klient sich einst sehr nahe und sehr verbunden fühlte.

Alte Bindungen blockieren, sie binden Emotionen und beeinträchtigen oft auch unsere Fähigkeit, eine neue Liebesbeziehung einzugehen oder aufrechtzuerhalten. Das gilt besonders für frühere Ehen und andere sehr nahe Beziehungen. Gefühlsmenschen sind auf diesem Gebiet besonders gefährdet. In manchen Fällen ist die Bindung an die Vergangenheit so stark, daß der/die Betreffende überhaupt nicht in der Lage ist, eine dauerhafte Beziehung einzugehen.

Niemandem fällt es leicht, sich von alten Bindungen zu lösen. Und es ist um so schwieriger, je stärker die alten Gefühle verdrängt werden und unterschwellig weiterarbeiten. Unsere gegenwärtigen Beziehungen leiden darunter, auch wenn wir so

tun, als ob alles in Ordnung sei. Warum scheitern so viele
Beziehungen, die so vielversprechend begannen? Am Anfang
ist alles wunderbar, und ohne nennenswerten Grund ist es
plötzlich aus. Viele Beziehungen gehen so zu Ende. Sie wissen
jetzt, woran das liegt, und können dem Ratsuchenden helfen,
sich mit dem eigentlichen Problem auseinanderzusetzen. Oft
genügt es schon, wenn Sie die wahren Hintergründe ansprechen. Es kommt etwas ins Rollen, das Ihrem Klienten hilft, sich
aus den alten Banden zu befreien.

Wenn im Beziehungsreading Menschen aus der Vergangenheit Ihres Klienten in Erscheinung treten, beschreiben Sie sie
möglichst genau, damit sie leicht identifiziert werden können.
Beobachten Sie im Zusammenhang mit diesen Personen ein
Aufblitzen in der Lebenslinie Ihres Klienten, dann sind alte
Ärger- oder Haßgefühle im Spiel. Auch die binden. In vielen
Fällen wird es Ihnen möglich sein, eine exakte Beschreibung
des/der Betreffenden vorzunehmen und aufzuzeigen, wie die
gegenwärtige Situation Ihres Klienten von dieser alten Angelegenheit geprägt wird.

Bisweilen sehen Sie, daß ein Klient zwei oder mehr Partner
hat. So ging es einer jungen Frau, die sich zwischen zwei
Männern hin- und hergerissen fühlte und nicht wußte, wen der
beiden sie heiraten sollte. Der eine war sehr nett zu ihr, und sie
fühlte sich wohl in seiner Nähe. Er paßte wirklich gut zu ihr. In
Gegenwart des anderen fühlte sie sich unangenehm verunsichert, und er behandelte sie nicht gerade freundlich. Sie
wußte, daß er kein geeigneter Partner für sie war, aber sie kam
nicht von ihm los. Im Reading zeigte sich, warum sie an ihm
festhielt: Sie erkannte, daß zwischen ihrer gegenwärtigen Situation und ihrer Vergangenheit eine Verbindung bestand und daß
starke Schuldgefühle im Spiel waren. Als sie das begriff, konnte
sie sich für den richtigen Partner entscheiden.

Manchmal kommt es auch vor, daß ein Klient Sie testen will,
so z.B. eine Frau, die sich wegen ihrer zukünftigen Heirats-
chancen erkundigte. Ich sah ein wunderschönes Hochzeits-

kleid und eine kirchliche Feier, die innerhalb der nächsten drei
Monate stattfinden würde. Alles war so, wie ich es gesagt hatte
– nur war das Ganze zum Zeitpunkt des Readings bereits in
die Wege geleitet. Sie hatte jenes Kleid, das ich ihr beschrieb,
bereits gekauft, und auch der Termin für die Hochzeit war
schon vereinbart. Sie sollte in genau drei Monaten stattfinden.
Sie wollte mich auf die Probe stellen und ließ sich etwas
vorhersagen, was bereits beschlossene Sache war.

Fassen wir zusammen: In einem Beziehungsreading können
Sie sehen, wieviel Liebe zwischen den beiden Partnern fließt.
Sie sehen das an der Blickrichtung und am Gesichtsausdruck
des/der Betreffenden und an vielen anderen Details, die Ihnen
während des Readings auffallen werden. Sie spüren sogar,
welche Emotionen in diesem Blick liegen und von welchen
Gefühlen die Beziehung getragen wird; ob ihr Ehrlichkeit und
Loyalität zugrunde liegen oder ob Heimlichkeiten und Unzu-
verlässigkeit das Bild trüben. Denken Sie daran: Lassen Sie sich
gefühlsmäßig nicht in die Angelegenheiten des anderen hineinziehen. Bleiben Sie möglichst neutral, aber zeigen Sie die nötige
Anteilnahme; gerade so viel, daß das Reading davon nicht
beeinträchtigt wird.

Viele Klienten möchten wissen, was ihnen die Zukunft in
der Liebe bringen wird. Antwort auf diese Frage finden Sie,
wenn Sie sich der Lebenslinie Ihres Klienten zuwenden und
beobachten, welche Bilder aufsteigen. Nähert sich jemand dieser Linie, und wann ist das der Fall? Vielleicht sehen Sie, daß in
ungefähr zwei Monaten ein Mann in das Leben Ihrer Klientin
treten wird. Beschreiben Sie diesen Mann, und sagen Sie ihr,
wie nahe ihre Beziehung sein und wie lange sie dauern wird.
Wie Sie wissen, ist es auch möglich, den Betreffenden in das
Reading mit einzubeziehen – auch wenn Ihre Klientin ihn zum
Zeitpunkt der Beratung noch nicht kennt. Sie können seine
Lebenslinie neben der Ihrer Klientin sehen und erhalten näheren Aufschluß über seine Wesensart und seinen Gesundheitszustand. Denken Sie aber daran, daß nichts von dem, was

Sie jemandem vorhersagen, geschehen muß. Wir haben die Wahl. Wir sind nicht an Vorhersagen gebunden. Wir können unsere Zukunft selbst gestalten, wenn wir wollen.

Lassen Sie mich das an einem sehr eindrucksvollen Beispiel veranschaulichen. Ein Bekannter, der sich in ernstlichen ehelichen Schwierigkeiten befand, suchte verschiedene Hellsehende auf und erhielt in allen Readings die gleiche Antwort: Seine Ehe sei gescheitert, und es gäbe keine Hoffnung mehr auf eine gemeinsame Zukunft. Aber er wollte sich mit dieser Antwort nicht zufriedengeben und entschloß sich – allen Vorhersagen zum Trotz –, es noch einmal zu versuchen. Es kam tatsächlich zu einer Versöhnung, und alles renkte sich wieder ein. Hätte er dem Glauben geschenkt, was man ihm vorhergesagt hatte, so wäre diese Ehe zweifellos geschieden worden. Aber er wollte es einfach nicht glauben.

Waren diese Prognosen also falsch? – Ich denke: nein. Hätte dieser Mann sich nicht entschieden, seine Zukunft selbst in die Hand zu nehmen, wäre alles so gekommen, wie vorausgesagt. Sie werden sehen, daß die Genauigkeit Ihrer Vorhersagen in der Regel nicht unter 80 Prozent und in den meisten Fällen weit darüber liegt. Oft können Sie sehen, wenn ein Meinungsumschwung oder ein Einstellungswandel bevorsteht, vor allem, wenn Ihr Klient ehrlich und kooperativ ist.

Die Intensität der zukünftigen Beziehung wird durch die Helligkeit der Lebenslinie Ihres Klienten angezeigt. Je kräftiger die Linie, desto intensiver die Beziehung. Werfen Sie diesbezüglich auch einen Blick auf die Lebenslinie des Partners, und Sie werden sehen, ob die Beziehung ausgewogen ist. Was immer Sie sehen, geben Sie ihrem Gegenüber genaue und ehrliche Auskunft. Beschönigen Sie nichts. Sagen Sie, wie es ist bzw. sein wird.

Ich kenne hellsichtige Menschen, die es einfach nicht übers Herz bringen, ihren Klienten schlechte Nachrichten zu geben, und statt dessen lieber durch die rosarote Brille schauen. Was aber geschieht dann? Ihre Klienten verlassen die Sitzung in dem

Glauben, daß die schönen Dinge, die ihnen vorhergesagt wurden, demnächst eintreffen. Und dann müssen sie feststellen, daß dem nicht so ist, und sind bitter enttäuscht. Machen Sie Ihren Klienten nichts vor. Darunter leidet auch Ihre Glaubwürdigkeit. Das Leben ist nie nur schön oder nur schwer. Das, was Sie sehen, ist die Wirklichkeit Ihres Klienten; und wenn Sie irgendwelche Eingriffe vornehmen — auch wenn das mit den besten Absichten geschehen mag —, geben Sie Ihren Anschauungen einen höheren Stellenwert als seiner Wirklichkeit. Bleiben Sie bei der Wahrheit. Die anderen wissen das zu schätzen, und Sie werden in ihrem Ansehen steigen.

Sie werden sehen, daß manche Menschen, die sich eigentlich nach Liebe sehnen, niemanden wirklich nahe an sich heranlassen. Meist geschieht das aus Angst vor Zurückweisung oder aus Angst vor Enttäuschung. Und diese Ängste können sehr tief sitzen. Ein Mensch, dem es so geht, wird behaupten, sich nach nichts auf der Welt mehr zu sehnen als nach jemandem, dem er seine Liebe schenken kann; aber Sie wissen, daß es da einen Haken gibt. Er/sie wird immer Mittel und Wege finden, einen möglichen Partner in die Flucht zu schlagen, bevor es zu einer näheren Verbindung kommen kann. Er selbst wird sich nicht erklären können, warum seine Beziehungen nicht funktionieren oder erst gar nicht zustande kommen. Aber Sie wissen wieso und sind in der Lage, ihm/ihr das klarzumachen.

Macht sich in einer Beziehung ein Mangel an Erfüllung bemerkbar, so gibt es dafür, wie gesagt, mehrere mögliche Gründe. Oft handelt es sich nur um eine vorübergehende Ablenkung des Partners, etwa durch besondere berufliche oder persönliche Umstände. Es kann aber auch sein, daß eine andere Frau oder ein anderer Mann im Spiel ist. Sollten Sie im Herzreading sehen, daß der Blick des Partners auf einen anderen Menschen gerichtet ist, könnte das durchaus möglich sein. Bei einem meiner Kursteilnehmer war das der Fall. Im Reading zeigte sich ganz deutlich, daß es neben seiner Partnerin eine zweite Frau gab. Der Betreffende gab zu, schon seit mehreren Jahren ein Verhältnis zu haben, von dem bisher allerdings niemand etwas wußte.

Wenn Sie möchten, können Sie sich selbst von der Treue Ihres Partners überzeugen – vorausgesetzt, es gelingt Ihnen, während des Readings neutral zu bleiben. Und so gehen Sie dabei vor: Konzentrieren Sie sich auf Ihren Partner, und rufen Sie sich die rote Sampttapete mit der ovalen Fläche in der Mitte vor Augen. An welcher Stelle erscheint Ihr Bild? Befindet es sich ganz innerhalb des Ovals, so können Sie sicher sein, daß Ihr Partner die Beziehung als äußerst befriedigend empfindet. Erscheint Ihr Bild jedoch nur teilweise innerhalb des ovalen Rahmens, dann werden seine Wünsche nicht vollständig erfüllt.

Untersuchen Sie als nächstes, wie befriedigend Sie die Beziehung zu Ihrem Partner finden. Stellen Sie sich wieder den ovalen Rahmen vor. Das ist jetzt Ihr »Herzbild«. Wo erscheint das Bild Ihres Partners? In der Mitte des Ovals oder am Rand? So können Sie überprüfen, wie es Ihnen in Ihrer Beziehung geht – und zwar unabhängig davon, was Sie auf der bewußten Ebene von dieser Beziehung halten.

Nun können Sie sich mit der Frage beschäftigen, ob es im Leben Ihres Partners andere Männer oder Frauen gibt. Sie haben noch immer Ihr Herzbild vor Augen. Sehen Sie sich jetzt die Blickrichtung Ihres Partners genauer an. Schaut er geradewegs ins Zentrum des Ovals, können Sie sicher sein, daß er Ihnen ganz zugetan ist und nicht heimlich nach anderen Ausschau hält. Fällt sein Blick jedoch gleichzeitig auch in eine andere Richtung, so hat er neben der Beziehung auch noch andere, gleichwertige Interessen. Folgen Sie dem Blick Ihres Partners, und Sie werden sehen, was seine Aufmerksamkeit fesselt. Viele meiner Kursteilnehmer, die ein solches Partnerreading vornahmen, haben gesehen, daß es sich dabei meist um geschäftliche oder berufliche Vorhaben handelte.

Was aber ist, wenn der Blick Ihres Partners auf eine andere

Frau oder einen anderen Mann fällt? Folgen Sie der Zukunftslinie Ihres Partners, und Sie können wahrnehmen, wann die beiden einander begegnen werden. Das heißt aber noch nicht, daß es um Liebe oder Sex gehen muß. Vielleicht handelt es sich um einen Freund oder eine andere Person, die Ihrem Partner am Herzen liegt. Während Sie diesen Fragen nachgehen, sollten Sie besonders darauf achten, welche Gefühle in Ihnen aufsteigen. Sie werden dann sofort spüren, ob Sex im Spiel ist. Dieses Knistern ist unverkennbar. Nehmen Sie keine Anzeichen dafür wahr, daß Ihr Partner Sie betrügt, keine schwarzen Schatten, kein Gefühl der Negativität oder ähnliches, sollten Sie es gut sein lassen und nicht an irgendwelchen Verdächtigungen festhalten. Solche Verdächtigungen können großen Schaden anrichten.

Kein hellsichtiger Mensch ist frei von Irrtümern, und es ist leicht möglich, daß Sie die Bilder falsch deuten oder Ihre Gefühle falsch auslegen; besonders dann, wenn es Ihnen schwerfällt, Ihre Emotionen aus dem Reading herauszuhalten. Je stärker Ihre Emotionen, desto ungenauer das Reading. Eifersucht führt zu völlig falschen Ergebnissen. Die Bilder, die Sie dann sehen, entspringen gänzlich Ihrer eigenen Phantasie. Sie zeugen von Ihrer Unsicherheit und haben nichts mit innerer Wahrnehmung zu tun. Wenn es Ihnen nicht gelingt, Ihre Emotionen aus dem Spiel zu lassen, sollten Sie sich an einen erfahrenen »Reader« wenden. Oft empfiehlt es sich, zwei oder drei Hellsehende aufzusuchen. Dann erhalten Sie ein umfassenderes Bild und können ganz sicher sein, daß es sich nicht um den subjektiven Eindruck eines einzelnen handelt.

Wenn ein Klient den Partner der Untreue verdächtigt, kann es schwer sein, ihn/sie vom Gegenteil zu überzeugen. So erging es einer Frau, die mich um ein Beziehungsreading bat. Ich untersuchte die Lebenslinie Ihres Mannes und sah, daß es in seinem Leben einige Menschen gab, denen er sich sehr verbunden fühlte. Es gab aber keinerlei Anzeichen dafür, daß er sich sexuell zu einer dieser Personen hingezogen fühlte. Meine

Klientin ließ sich jedoch nicht von Ihren Verdächtigungen ab-
bringen und beauftragte einen Privatdetektiv. Sie kam zu einer
zweiten Beratung und brachte Bilder mit, die ihren Gatten in
Begleitung anderer Frauen zeigten. Es schien, als wollte sie
mich überzeugen, daß sie recht hätte. Übrigens konnte auch
der Detektiv keine Beweise für die Untreue ihres Mannes
bringen – was sie jedoch nicht davon abhielt, weiterhin an
seiner Treue zu zweifeln.

Einige Menschen scheuen sich, uns den wahren Grund für
ihr Kommen anzuvertrauen – mitunter kennen sie ihn allerdings selbst nicht. Oft zeigt sich erst im Verlauf des Readings,
was Ihrem Klienten am Herzen liegt. So verhielt es sich auch
bei einer Klientin, die um ein Finanzreading bat. Während des
Readings sah ich, was ihr eigentliches Problem war: mangelnde
Befriedigung in ihrer Ehe. In ihrem Herzen war es ganz leer,
niemand zeigte sich in dem ovalen Rahmen. In der Nähe war
ein Mann zu sehen, der in ihre Richtung blickte; aber es war
nicht zu übersehen, daß er auch andere Interessen verfolgte.
Ich spürte, daß zwischen ihr und diesem Mann ein ziemlich
angespanntes Verhältnis herrschte. Ich sagte ihr, was ich gesehen hatte und daß sie sich wohl sehr einsam fühlen müsse.
Und das war die Geschichte ihrer Ehe: Ihr Mann hinterging sie
schon seit längerer Zeit, und es gab ständig neue Auseinandersetzungen. Er wollte die Beziehung aufrechterhalten, doch das
änderte nichts daran, daß ihre Bedürfnisse in keiner Weise
befriedigt wurden.

Sie können, wie Sie wissen, die nahen Verwandten oder
Freunde Ihrer Klienten in das Reading einbeziehen. Vielleicht
sehen Sie also, während Sie einer Klientin ein Reading geben,
plötzlich die Lebenslinie ihres Mannes. Sie können auch diese
Linie einer näheren Untersuchung unterziehen, im Hinblick auf
Krankheiten, körperliche oder seelische Probleme – alles, was
Ihnen wichtig erscheint.

Nicht immer, wenn Sie einen neuen Menschen im Leben
eines Klienten sehen, handelt es sich um einen möglichen

Liebespartner. Es muß nicht einmal zu einer emotionalen Bindung kommen. Vor kurzem gab ich einer Frau ein Reading und sah, daß sie bald einen Mann kennenlernen würde. Er sah sehr gut aus und hatte dunkelbraunes, kräftiges Haar. Ich konnte seine Gesichtszüge sehr genau beschreiben und sogar die Kleidung, die er tragen würde, wenn sie einander begegneten. Meine Klientin lernte diesen Mann kennen, als sie an einem Absolvententreffen in ihrem ehemaligen College teilnahm. Er war der erste, dem sie dort begegnete. Er war sehr nett zu ihr, und sie unterhielten sich angeregt. Aber sie sahen einander nie wieder.

Wir müssen unseren Klienten das sagen, was wir sehen – und zwar genau so, wie wir es sehen. Ich kann das nicht oft genug wiederholen. – Ziehen Sie keine voreiligen Schlüsse, lassen Sie Ihre persönlichen Anschauungen aus dem Spiel, und enthalten Sie sich jeder Wertung. So achtete ich im zuletzt erwähnten Fall darauf, meiner Klientin keine falschen Hoffnungen zu machen, daß es sich um mehr als um ein bloßes Treffen handeln könnte. Ich hatte im Reading nichts gesehen, was darüber nähere Auskunft gegeben hätte; weder etwas, das dafür, noch etwas, das dagegensprach.

8

Beratung Ihres Klienten

Wenn Sie häufig Readings geben, werden Sie feststellen, daß viele Klienten Ihren Rat brauchen, ob sie darum bitten oder nicht. Im Reading werden sehr persönliche Angelegenheiten angesprochen, vor allem auch Probleme, die Ihren Klienten vielleicht schon seit Jahren zu schaffen machen. Viele werden fragen, was sie tun können, um diese Dinge in den Griff zu bekommen. Vielleicht sehen Sie, daß sich große Veränderungen im Leben ihres Gegenübers ankündigen, vielleicht aber auch, daß sich in absehbarer Zeit nichts tun wird.

Wie Sie bei einer solchen Beratung vorgehen, wird von Ihrem jeweiligen Klienten abhängen und davon, welchen Gesamteindruck Sie im Verlauf des Readings gewonnen haben. Berücksichtigen sollten Sie in jedem Fall die bisherige Lebensgeschichte und den Gesundheitszustand des/der Betreffenden und das, was Sie für seine/ihre Zukunft vorhergesehen haben. Ein solches Gespräch hat oft unmittelbare Auswirkungen auf die Lebenslinie unserer Klienten. Ich habe das häufig beobachtet: Wenn ein Mensch sich ehrlich mit seinen Problemen auseinandersetzt und bereit ist, alte Anschauungen zu überdenken und durch neue, angemessenere zu ersetzen, hat das bedeutende Auswirkungen auf seine Zukunft. Und das schlägt sich natürlich in der Lebenslinie nieder.

Lassen Sie mich das an einem besonders eindrucksvollen Beispiel näher erläutern: Ich hatte eine Klientin, bei der sich keine Zukunftslinie zeigte. Sooft ich auch versuchte, ihre Zukunft zu sehen, ich stieß jedesmal auf eine schwarze Wand. In ihrer Vergangenheit hatte sie immer wieder schwere emotionale Kämpfe durchlebt, und sie litt häufig unter Depressionen. Ich unterbrach das Reading, und wir sprachen über diese Dinge. Im Verlauf dieses Gesprächs wurde ihr klar, daß sie eigentlich nur noch sterben wollte, daß sie den Tod als Erleichterung empfunden hätte. Sie erkannte auch, daß es einen Zusammenhang gab zwischen ihrer Todessehnsucht und einer schweren traumatischen Erfahrung: der kalten Zurückweisung, die sie in einer früheren Ehe erlebt und als äußerst schmerzhaft empfunden hatte. Als ihr das alles bewußt wurde, gelang es ihr, den alten Schmerz und die damit verbundene emotionale Blockade loszulassen. Es wurde ihr wieder möglich, sich auf das Leben einzulassen und neue Pläne zu schmieden. Und schließlich konnte ich auch ihre Zukunftslinie sehen, und sie war hell und klar.

Die Kindheit dieser Frau war geprägt von einem starken religiösen Empfinden. In ihrer Lebenslinie zeigten sich über viele Jahre hinweg jene Lichtpunkte, die von einer entwickelten Spiritualität zeugen. Leider geriet sie an einen Menschen, der in ihrem Leben vieles zerstörte. So verlor bzw. vergaß sie auch ihren Glauben. Als sie sich bewußt wurde, was sie aufgegeben hatte, entschloß sie sich, zu ihren ehemaligen Wurzeln zurückzukehren. Ich spürte, daß sich tief in ihr neue Hoffnung auftat. Je länger wir darüber sprachen, desto besser fühlte sie sich, und am Ende des Readings konnte sie die Welt mit neuen Augen sehen. Und das half ihr, sich erneut dem Leben zuzuwenden. In einem späteren Reading zeigte sich in ihrer Lebenslinie ein enormer Aufschwung und gute Aussichten auf eine lebenswerte Zukunft.

Dieses Beispiel führt einmal mehr vor Augen, wie sehr Sie Menschen helfen können, wenn Sie gelernt haben, Ihre seherischen Fähigkeiten anzuwenden. Sie können Ihnen helfen, ihrem Leben eine neue Richtung zu geben.

Oft empfehle ich meinen Klienten, sich an einen ruhigen, schönen Ort zurückzuziehen; so lange, bis sie mit sich im reinen sind und die Verbindung zu ihrem Innersten, ihrem inneren Selbst, wiederhergestellt haben. Das mag in wenigen Minuten geschehen, vielleicht dauert es aber auch Stunden, Tage oder Wochen. Ich rate meinen Klienten, sich diese Zeit wirklich zu nehmen; die Zeit, die sie brauchen, um sich über ihre Ziele Klarheit zu verschaffen und zu jener inneren Einheit zu gelangen, die wir dann empfinden, wenn wir uns zu uns selbst bekennen. Ich schlage ihnen vor zu beten, zu meditieren oder zu tun, was immer ihnen dabei hilft, sich diesen Dingen zu öffnen.

Denjenigen, die solche Ratschläge annehmen, eröffnen sich ungeahnte Möglichkeiten der persönlichen Entfaltung und völlig neue, wunderbare Chancen. Und Sie haben das beglückende Gefühl, Suchenden auf der Reise durch das Leben beigestanden zu haben.

Viele Menschen sind sich durchaus bewußt, was sie tun sollten, aber sie brauchen jemanden, der ihnen das bestätigt – und der sie und ihre Situation wirklich versteht. So wissen auch viele meiner Klienten, daß sich in ihrer Beziehung etwas ändern muß, aber sie schaffen es nicht alleine. Viele Menschen brauchen ein Reading, um sich ihre Probleme wirklich einzugestehen. Und plötzlich sind sie in der Lage, entsprechend zu handeln. Vielleicht entschließen sie sich auch, weitere Hilfe in Anspruch zu nehmen, einen Therapeuten oder Eheberater etwa. Auf jeden Fall wissen sie jetzt, was sie wollen – und vielleicht waren sie sich noch nie zuvor so sicher.

Einer meiner Klienten machte sich ernstliche Sorgen um seinen Sohn, der drogenabhängig war. Während des Readings sah ich dessen Lebenslinie. Sie war ganz gelb und verlief sehr unstet. Ich sagte meinem Klienten, daß sein Sohn ziemlich tief drinzustecken schien und daß seine Gesundheit bereits gelitten habe. Er war verzweifelt und schüttete mir sein Herz aus. Er hatte versucht, seinen Sohn dadurch von den Drogen wegzubringen, daß er ihm jeden Wunsch von den Augen ablas, war damit aber leider erfolglos geblieben.

Im Verlauf des Readings wurde ihm klar, wieviel aufgestauter Ärger in ihm saß und daß er ihn bisher unterdrückt und sich selbst dadurch verletzt hatte. Er entschloß sich, es mit väterlicher Strenge zu versuchen, und sagte seinem Sohn, er müsse ausziehen. Diese Entscheidung fiel ihm gewiß nicht leicht, aber wie vorhergesehen, hatte sie eine gute erzieherische Wirkung. Sein Sohn war zum erstenmal in seinem Leben wirklich für sich selbst verantwortlich. Er unternahm ernsthafte Versuche, seine Lage zu verbessern, und kam schließlich ganz von den Drogen los. Die Beziehung zu seinen Eltern besserte sich zusehends.

In einem Reading können Sie das Geschehen aus den verschiedenen Perspektiven der einzelnen Beteiligten sehen. In obigem Fall konnte ich genau beobachten, was das Verhalten der Eltern auf seiten ihres Sohnes bewirkte bzw. bewirken würde. Je mehr Readings sie geben, desto mehr sehen Sie und desto besser werden Sie Ihre Klienten beraten können. Egal, worum es sich handelt, Sie können beide Seiten sehen.

In solchen Beratungsgesprächen werden Sie vielen helfen, alte Probleme aufzuarbeiten und ihr Leben zum Positiven zu verändern. Trotzdem dürfen Sie sich nicht »Psychotherapeut« nennen. Das dürfen Sie nur, wenn Sie eine entsprechende Ausbildung absolviert haben. Nennen Sie sich »Lebensberater«, und führen Sie beratende Gespräche nur im Anschluß an ein Reading durch. Wenn ein Klient schwerwiegende Probleme hat und therapeutische Unterstützung braucht, sollten Sie ihn/sie an entsprechend ausgebildete Fachleute verweisen. In einem Reading werden in kurzer Zeit die verschiedensten Dinge angesprochen, und wir können von unseren Klienten nicht erwarten, daß sie emotionale Blockaden, die sie vielleicht schon seit Jahren mit sich herumschleppen, in einer Sitzung auflösen. Das sind Ausnahmefälle. Wenn so etwas geschieht, dann war Ihr Klient schon vor dem Reading bereit loszulassen. Und sie waren »nur« der Katalysator.

Sie sind kein Therapeut – und Sie sind auch kein Arzt. Das möchte ich hier noch einmal betonen. Wenn Sie Anzeichen für

Gesundheitsstörungen sehen, raten Sie Ihrem Klienten, sich einer entsprechenden Untersuchung zu unterziehen. Erstellen Sie keine Diagnosen. Sie könnten sich irren. Das kann viele Gründe haben: Vielleicht sind Sie nicht ganz bei der Sache. Vielleicht haben Sie die Bilder falsch gedeutet. Vielleicht haben Sie sich, ohne es bemerkt zu haben, ein bestimmtes Deutungsmuster zugelegt. Auch das führt, wie Sie wissen, leicht zu Fehlinterpretationen.

Auch hellsichtige Menschen sind nicht unfehlbar. Und wir sollten uns hüten, so zu tun, als ob wir es wären. Auch wenn Sie ein großartiger Sehender sind, Sie sind deshalb noch lange kein Arzt. Überlassen Sie das jenen, die eine entsprechende Ausbildung haben.

9

Die Aura

Unser Körper hat eine durchschnittliche Temperatur von 37° C, die durch die Energie, die während der biochemischen Vorgänge des Stoffwechsels frei wird, aufrechterhalten wird. Wärme wird vom Körperinneren abgestrahlt, tritt über die Haut nach außen und nimmt mit zunehmender Entfernung vom Körper ab. Diese Wärmeabstrahlung kann z.B. mit Hilfe einer Infrarotkamera sichtbar gemacht werden. Ähnlich verhält es sich mit der Aura.

Jedes Lebewesen ist von einer Aura umgeben wie von einem Leuchten. Mit Hilfe der Kirlean-Methode ist es möglich geworden, diese Energiehülle zu fotographieren. Hier zeigt sich auch, daß alles Lebendige von einer Aura umgeben ist: Menschen, Tiere, Pflanzen, alles, was lebt. Alles strahlt Energie aus. Lassen Sie mich das am Beispiel des Menschen näher erklären. In unserem Körper gibt es einen ständigen Energiefluß. So wie Strom ein elektrisches Feld erzeugt, erzeugt dieser Energiefluß ein Energiefeld. Wir können es sogar mit bloßem Auge wahrnehmen.

In Abb. C, Nr. 2, sehen Sie, daß die Aura in der Nähe des Körpers am dichtesten ist. Sie wird mit zunehmender Entfernung immer dünner. Wenn Sie sich also die Aura eines Klienten anschauen wollen, sollten Sie sich auf die unmittelbare Körperumgebung konzentrieren. Innerhalb einer Entfernung von 3 bis 10 cm ist sie normalerweise gut sichtbar.

Hier einige Tips, falls Sie Lust haben, sich im Aurasehen zu üben: Am besten geht es vor einem weißen Hintergrund. Auch die Beleuchtung spielt eine wesentliche Rolle. Probieren Sie so

Abbildung C:

Nr. 2: Die Aura eines Menschen ist mit bloßem Auge nahe der Körperoberfläche zu sehen.

lange, bis Sie die geeigneten Lichtverhältnisse hergestellt haben. Wenn Sie einen schwachen Schimmer wahrnehmen, der den Körper Ihres Gegenübers umgibt, dann haben Sie seine Aura gefunden. Zunächst werden Sie diesen Schimmer eher ahnen als sehen. Aber er ist da, daran besteht kein Zweifel. Mit zunehmender Übung werden Sie alles viel klarer und detaillierter wahrnehmen.

Wenn Sie sich mit dem Aurasehen vertraut gemacht haben, werden Sie auch Farben sehen. Innerhalb der Aura gibt es verschiedene Energieebenen, und jede hat eine bestimmte Frequenz. Dem Betrachter zeigt sich das als Farbe – wobei man auch hier besser von einem Schimmer, einer Andeutung als von einer Farbe im üblichen Sinne sprechen sollte. Eine Aura kann z.B. einen gelblichen, grünlichen oder goldenen Schimmer haben, aber auch jede andere Färbung. Das zeugt davon, in welchem körperlichen oder seelischen Zustand sich der/die Betreffende zum Zeitpunkt des Readings befindet. Müdigkeit,

Krankheit, Niedergeschlagenheit, Heiterkeit, all das zeigt sich in der Aura eines Menschen.

Müdigkeit führt zu einer dunklen Verfärbung der Aura. Je nach Grad der Erschöpfung sehen Sie eine leichtere oder stärkere Färbung, bisweilen sogar Schwarz. Wenn sich jemand mit Heilen beschäftigt, ist seine Aura wahrscheinlich mittel- oder hellblau. Wie die eines Zahnarztes, der mich nach einem meiner Vorträge fragte, ob ich seine Aura sehen könne. Sie schimmerte bläulich, und er erzählte mir, daß es ihm große Freude bereite, Menschen zu helfen.

Eine weiße Aura zeugt davon, daß Spiritualität im Leben des/der Betreffenden eine wichtige Rolle spielt. Auch Gold, Grün, Violett und Blau weisen auf ein entfaltetes spirituelles Bewußtsein hin. Grün tritt ebenso in Verbindung mit Wohlstand und Geldangelegenheiten auf. Schwarz bedeutet in vielen Fällen extreme Erschöpfung oder eine schwere Erkrankung, oft auch betrügerische oder schlechte Absichten. Braun zeugt von Erdgebundenheit, von einer Ausrichtung auf die physischen und materiellen Aspekte des Lebens.

Die Farben können jedoch nicht unabhängig von der jeweiligen Person gedeutet werden. Es gibt auch hier kein Deutungsmuster. Jeder Mensch ist anders. Jeder hat seine eigenen Probleme und Anschauungen. Und so hat auch jeder seine eigenen Farben. Sie werden alle möglichen Farbnuancen antreffen, die zum Teil mehrdeutig oder gar nicht deutbar sind. Wenn man also über die Bedeutung der Farben spricht, so nur, um grundlegende Anhaltspunkte zu haben, die helfen, einen Einstieg zu finden.

Das Aurasehen ist ein Aspekt der Hellsichtigkeit, und auch auf diesem Gebiet gibt es viel Interessantes zu entdecken. In den letzten Jahren ist eine Vielzahl von Büchern zu diesem Thema erschienen. Dort finden Sie alles Wissenswerte, wenn Sie sich näher informieren möchten.

10

Vorhersagen und selbsterfüllende Prophezeiungen

Folgende Technik wende ich gerne bei der Hypnotherapie an: Der Klient visualisiert eine Situation in der Zukunft, in der er völlig frei von den Problemen oder Beschwerden ist, die ihm jetzt zu schaffen machen. Raucher bitte ich z.B.: »Stellen Sie sich vor, Sie gehen an einem wunderschönen Strand entlang. Atmen Sie die frische Meerluft tief ein, und spüren Sie, wie Sie durchströmt werden von neuer Energie und Vitalität.« Ich bitte meine Klienten zu visualisieren, daß diese Szene in ein paar Monaten, in einem Jahr und in fünf Jahren so stattfinden wird. So entsteht in ihrem Unterbewußtsein ein ganz bestimmtes Bild von ihrer Zukunft. Je deutlicher wir etwas vor uns sehen, desto größer ist die Wahrscheinlichkeit, daß es geschehen wird.

Unsere Vorstellungen prägen unser Leben und unsere Zukunft mehr, als wir ahnen. Lassen Sie mich das an einem einfachen Beispiel erläutern. Ein Student, der konkrete Vorstellungen hat, welche berufliche Laufbahn er im Anschluß an die Universität einschlagen wird, wird in der Regel keine Schwierigkeiten haben, sein Studium in nicht allzu langer Zeit und mit gutem Erfolg zu Ende zu bringen. Die Erklärung ist einfach: Die Dinge, die wir in unserem Leben für machbar, möglich und erreichbar halten, sind machbar, weil wir −oft ganz unbewußt − jene Hebel und Prozesse in Bewegung setzen, die zu deren Verwirklichung beitragen.

Unserer Vorstellungskraft sind jedoch Grenzen gesetzt. Verwirklichen können wir nur das, was wir glauben, verwirklichen zu können. Das heißt, wir müssen in unserem tiefsten Inneren überzeugt, und zwar wirklich überzeugt sein, daß diese Sache für uns möglich bzw. machbar ist. Nur dann können wir sie erreichen. Es geschieht das, was wir unterbewußt für wahr halten. – Was wird geschehen, wenn Sie jemandem, der von seinem Versagen überzeugt ist, einreden, er könne Erfolg, Reichtum und Luxus in seinem Leben erlangen? Es werden sich vielleicht ein paar kleine Fortschritte bemerkbar machen, aber sobald Sie aufhören, auf diesen Menschen einzureden, wird er sehr schnell wieder zu seiner gewohnten Haltung zurückkehren und damit automatisch zu seinen ehemaligen Lebensumständen.

Durch gezielte hypnotherapeutische Maßnahmen lassen sich jedoch auch bei sehr mißerfolgsorientierten Menschen Veränderungen bewirken. Dann nämlich, wenn es gelingt, das Selbstbild dieser Menschen dergestalt zu wandeln, daß sie positive Veränderungen in ihrem Leben für möglich halten. Wenn das gelingt, können wahre Wunder geschehen. Wenn wir ein Ziel für erreichbar halten, dann können wir es auch erreichen. Voraussetzung ist, wie gesagt, daß diese Überzeugung in unserem Unterbewußtsein fest verankert ist. Sobald jedoch negative Gedanken in uns vorherrschen, die wir uns etwa aufgrund schlechter Erfahrungen im Verlauf unseres Lebens zugelegt haben, wird »ein bißchen Visualisieren« nichts nützen. Die Bilder werden nicht greifen. Wir müssen zunächst unsere inneren Widerstände abbauen. Wenn uns das gelingt, können, wie gesagt, wahre Wunder geschehen.

Was hat all das mit Readings zu tun? Wenn Sie jemandem ein Reading geben, beschäftigen Sie sich mit seinem Innersten. Das ist eine sehr intime Angelegenheit, und Sie werden bemerken, daß viele Ihrer Klienten mit zunehmendem Vertrauen sehr empfänglich für das werden, was Sie ihnen sagen. Sie öffnen sich Ihnen so sehr, daß Ihre Vorhersagen eine ähnliche Wirkung haben können wie Suggestionen, die unter Hypnose gegeben werden. Wenn Sie Ihren Klienten also Dinge für die Zukunft vorhersagen, sollten Sie sich bewußt sein, daß Ihre

Worte eine ungeheure Wirkung haben. Ein Teil dessen, was Sie vorhersagen, mag allein deshalb geschehen, weil Ihre Klienten davon überzeugt sind, daß das, was Sie sagen, eintrifft.

Vieles, was ins Unterbewußtsein eines Menschen aufgenommen wird, lagert dort längere Zeit und zeigt erst viel später Auswirkungen. Die Geschichte von Jona und dem Wal, die im Alten Testament erzählt wird, liefert ausgezeichnete Bilder für einen Vergleich. Jona steht zunächst für unser Bewußtsein bzw. eine Vorstellung, mit der wir uns beschäftigen. Diese Vorstellung gelangt nach einer Weile in unser Unterbewußtsein wie Jona in den Bauch des Wales. Nach einer gewissen Zeit, die notwendig war, um das Ganze zu verdauen bzw. zu verarbeiten, wird das Ergebnis sichtbar: Jona landet schließlich wieder am Strand.

Ratsuchende lassen sich also sehr stark von dem beeindrucken, was wir sagen. Das ist auch der Grund, warum ich es ihnen unter keinen Umständen sagen würde, wenn ich Anzeichen für ihren bevorstehenden Tod sähe. Lassen Sie mich nochmals betonen: Das, was wir einem Menschen vorhersagen, kann sich allein deshalb verwirklichen, weil er glaubt, daß es geschehen wird; weil er es so erwartet.

Fassen wir zusammen, worauf Sie achten sollten, wenn Sie ein Reading geben: Daß Sie möglichst unvoreingenommen sein und keinesfalls Bewertungen vornehmen sollten, wissen Sie bereits. Damit können Sie einen Menschen wirklich sehr verletzen, besonders wenn es um persönliche Dinge geht und er sich Ihnen gefühlsmäßig anvertraut hat. Wie Sie wissen, versuche ich immer, die Dinge genau so weiterzugeben, wie ich sie sehe, und auch Fragen so genau wie möglich zu beantworten. Bei Vorhersagen achte ich besonders darauf, wie sehr sich mein Klient beeindrucken läßt. Wenn ich das Gefühl habe, er/sie verfällt in eine Art hypnotischen Zustand oder ist wie gebannt von dem, was ich sage, wechsle ich das Thema. Ich komme erst dann zu den Vorhersagen zurück, wenn mein Klient wieder bei sich ist.

Eine bestimmte Erwartungshaltung kann, wie wir gesehen haben, Ereignisse heraufbeschwören. Sie kann aber auch das Gegenteil bewirken. In meiner Arbeit als Hypnotherapeut gebe ich meinen Klienten gerne die Suggestion, daß sie im Traum ihr Problem und dessen Ursache klar vor Augen sehen werden. Oft stellt sich dieser Traum aber gerade dann nicht ein, wenn wir ihn erwarten. Nach einer Zeit läßt für gewöhnlich der Erwartungsdruck nach, und wir entspannen uns. Und plötzlich träumen wir das Gewünschte. Ähnliche Blockaden machen sich auch des öfteren bemerkbar, wenn Sie einem Klienten positive Vorhersagen geben, etwa auf finanziellem Gebiet. Wenn er versucht, die Dinge bewußt herbeizuführen oder zu beschleunigen, erreicht er in der Regel das Gegenteil. Wenn wir eine Situation kontrollieren wollen, zerstören wir meist die subtilen Mechanismen, die für das Gelingen einer Sache verantwortlich sind. Erinnern Sie sich: Wir können unsere Zukunft ändern, indem wir unser Verhalten ändern. Unsere Zukunft ist nichts Starres, Vorgegebenes. Sie hängt von uns ab und von dem, was wir tun und denken. Ändere ich meine Einstellungen und mein Verhalten, so ändert sich auch meine Zukunft.

Ein gutes Beispiel hierfür ist die Geschichte einer jungen Frau, die im Begriff war, ein Auto zu kaufen. Sie hatte sich bereits für einen bestimmten beigen Wagen entschieden. Einer meiner Kursteilnehmer gab ihr ein Reading und sah ebendieses Auto. Kurz bevor sie den Kauf tätigen wollte, geschah etwas völlig Unerwartetes: Ihr Mann fuhr mit einem roten Auto vor, das viel schöner war als das erste. Sie kaufte dieses Auto noch am selben Tag.

War die Vorhersage also falsch? Was sich in einem Reading zeigt, entspringt, wie gesagt, nicht dem Bewußtsein des Ratsuchenden, sondern seinem Unterbewußtsein. Es ist möglich, daß äußere Einflüsse, die Sie im Reading nicht vorhersehen, seine unterbewußten Motivationen ändern und daß sich Ihre Prognosen dementsprechend nicht oder nur teilweise bewahrheiten. Das ist auch der Grund, warum Sie niemals behaupten sollten, Ihre Vorhersagen seien hundertprozentig und würden ohne Ausnahme eintreffen. Ich mache meine Klienten stets darauf aufmerksam, daß das, was ich ihnen vorhersage, nicht unbedingt geschehen muß und daß sie selbst es verändern können. In der Regel erweisen sich 80 bis 90 Prozent unserer Vorhersagen als zutreffend. Das heißt, der Großteil dessen, was wir voraussagen, tritt ein.

Ich persönlich bin kein Freund längerfristiger Prognosen. Aber natürlich gibt es einige Hellsehende, die gerne auf diesem Gebiet arbeiten. Auch hier kann man sehr genaue Vorhersagen geben. Denken Sie etwa an Nostradamus. Viele seiner Prognosen sind wirklich eingetroffen. Vielleicht möchten Sie sich auf diesem Gebiet versuchen. Wenn Sie sich etwa für die Zukunft eines bestimmten Staates interessieren, rufen Sie sich seine Lebenslinie vor Augen, und folgen Sie ihr – so, wie Sie das bei einem Menschen tun würden. Natürlich bewegen Sie sich hier in anderen Zeitkategorien, Sie rechnen eher in Jahrzehnten oder Jahrhunderten als in Monaten. Wahrscheinlich sehen Sie bedeutende Ereignisse, große Veränderungen und Umstände, die sich von den heutigen gravierend unterscheiden. Sie werden viel Neues sehen und alle möglichen Linien und Kräfte wahrnehmen. Bei der Auslegung dieser Bilder sind Sie natürlich ganz auf sich und Ihr Gefühl angewiesen. Schreiben Sie Ihre Prognosen auf, und prüfen Sie, was eintrifft.

11

Tips

Es kommt immer wieder vor, daß Sie in einem Reading nichts oder nur wenig sehen. Das kann die verschiedensten Ursachen haben. Mitunter liegt es einfach daran, daß wir mit dem, was wir sehen, nicht richtig umgehen. Hier sind einige Tips, wie Sie sich in solchen Situationen helfen können.

Bei der Vorbereitung auf das Reading fängt es an. Lassen Sie uns also zusammenfassen, worauf Sie achten sollten: Wählen Sie einen stillen, möglichst abgeschiedenen Raum, so daß Sie nicht durch äußere Einflüsse abgelenkt werden. Machen Sie sich ganz leer. Lassen Sie alle persönlichen Gedanken und Gefühle ziehen. Dann wenden Sie sich Ihrem Klienten zu. Sehen Sie ihn an, aber bleiben Sie nicht an äußerlichen Dingen hängen. Schauen Sie durch ihn hindurch, an ihm vorbei, oder was immer Ihnen hilft, ihm Ihre ganze Aufmerksamkeit zu schenken, ohne sich von Äußerlichkeiten ablenken zu lassen. Sie haben Ihren Klienten vor der Sitzung gebeten, nicht zu sprechen, und Sie stellen ihm auch keine Fragen, außer der, mit welchem Anliegen er/sie gekommen ist.

Sie wissen, wie es weitergeht. Sie nehmen die Hände Ihres Klienten, oder Sie beginnen mit dem *body scan*, ganz wie Sie möchten. Wenn Sie seinen Gesundheitszustand überprüft haben, wenden Sie sich der Lebenslinie zu.

Entlang der Lebenslinie Ihres Klienten werden, wie Sie wissen, verschiedene Bilder sichtbar; aus seiner Vergangenheit oder aus der Zukunft, je nachdem, womit Sie sich gerade beschäftigen. Nehmen Sie sich jedes dieser Bilder einzeln vor. Dabei werden Sie auch auf Bilder stoßen, die nur einen Ausschnitt eines Geschehens zeigen – zu wenig, um sicher sagen zu können, worum es geht. Hier haben Sie vielleicht das Gefühl, nicht genug zu sehen. Lassen Sie mich an einem Beispiel erklären, wie Sie sich in einem solchen Fall helfen können.

Eine meiner Kursteilnehmerinnen sah eine Frau von hinten, die ihr blondes Haar zu einem schönen, üppigen Zopf geflochten hatte. Das war alles, was sie sehen konnte. Ich bat sie, die Frau umzudrehen und von der anderen Seite zu betrachten. Jetzt sah sie, daß sie ein Bouquet in der Hand hielt. Sie sah nur dieses Bouquet und beschrieb es ausführlich. Schließlich konnte sie auch das Kleid der Frau wahrnehmen. Es war ein langes Kleid, wie man es zu festlichen Anlässen trägt. Ich fragte sie, ob sie sehen könne, an welchem Ort sich die Frau befand. Sie sah einen Gang und seitlich davon etwas, das sie an Kirchenbänke erinnerte. Die Frau stand ziemlich vorne. Als ich sie bat, sich im Raum umzusehen, sah sie, daß in den vorderen Bankreihen mehrere Personen saßen. Dann bemerkte Sie einen alten Mann in weißem Ornat und erkannte in ihm einen Geistlichen. Es war ihr möglich, immer weiteren Einblick in die Szene zu gewinnen. Schließlich sah sie ein Paar, das auf einer Kniebank kniete, das weiße Kleid der Braut und den Frack des Bräutigams. Erst an dieser Stelle war sie sich ganz sicher, daß es sich um eine Hochzeit handelte.

Das ist ein Beispiel eines geführten Readings. Erst mit Hilfe unterstützender Fragen konnte diese Kursteilnehmerin jene Bilder sehen, die ihr über das eigentliche Geschehen Auskunft gaben. Sie sah zunächst nur verschiedene Details, doch schließlich konnte sie sie zu einem Ganzen zusammenfügen. In manchen Readings ist das einfach so. Seien Sie also nicht beunruhigt, wenn Sie manchmal nur Ausschnitte sehen. Das heißt nicht, daß Sie nicht mehr sehen können. Warten Sie, ob weitere Bilder kommen. Sie können Ihren Klienten auch bitten, Fragen zu stellen, oder Sie stellen sich selbst welche.

Auf folgendes sollten Sie also achten, wenn Sie Bilder deuten: Ziehen Sie keine voreiligen Schlüsse. Halten Sie sich an das, was Sie sehen. Versuchen Sie nicht, jedes Bild sofort zu interpretieren, sondern beschreiben Sie, was Sie sehen. In obigem Reading zeigte sich erst ganz zum Schluß, um welchen Anlaß es sich handelte. Vorher war das nicht eindeutig. Es hätte ebenso eine Taufe oder ein anderes Kirchenfest sein können, vielleicht auch eine Veranstaltung der Gemeinde. Erst nach und nach wurde klar, daß es eine Hochzeit war und welche Rollen die einzelnen Personen spielten. Fangen Sie nicht an zu interpretieren, bevor Sie sehen, worum es geht. Sehen Sie das, was ist, und nicht das, was Sie möchten oder für richtig halten.

Ich kenne einen Hellsehenden, der wirklich sehr begabt ist, dem aber leider die Geduld fehlt, genügend Informationen zu sammeln. In der Regel deutet er die Bilder vorschnell, d.h., bevor er sich wirklich sicher sein kann, was gemeint ist. Er glaubt zu wissen, worum es geht, doch in Wirklichkeit legt er das Gesehene nach eigenem Gutdünken aus. Das führt natürlich oft zu Fehldeutungen.

In einem Reading sehen Sie einiges, was Ihrem Klienten Kummer und Sorge bereitet. In solchen Fällen ist es besonders wichtig, die geeigneten Worte zu finden. Nehmen wir an, Sie sehen ein Kind, das vor ein Auto läuft. Sagen Sie auf keinen Fall: »Ich sehe, daß Ihr Kind von einem Auto angefahren und verwundet wird.« Beschreiben Sie zunächst das betreffende Kind, und fragen Sie Ihren Klienten, ob er es kennt. Vielleicht ist es gar nicht sein Kind, sondern das Kind eines Nachbarn, eines Verwandten oder Bekannten. Bevor Sie nähere Einzelheiten ansprechen, sollten Sie sich überlegen, ob es angebracht ist, Ihrem Klienten eine so beunruhigende Vorhersage zu geben. Fragen Sie Ihr Gefühl. Wenn Sie sich dazu entschließen, drücken Sie sich möglichst vorsichtig aus. Sie könnten etwa sagen, daß in nächster Zeit besondere Vorsicht im Straßenverkehr geboten ist und dieses Kind lieber nicht alleine auf die Straße sollte.

Auch wenn es um harmlosere Themen geht, sollten Sie sich vor voreiligen Schlüssen hüten. Nehmen wir an, Sie sehen eine Hochzeit, wie das in dem weiter oben beschriebenen Beispiel der Fall war. Sagen Sie dem Ratsuchenden nicht, daß er/sie heiraten wird, solange Sie keine eindeutigen Hinweise darauf finden. Sagen Sie, Sie sehen, daß jemand, der ihm/ihr nahesteht, demnächst heiraten wird. Beschreiben Sie den/die Betreffende, wenn Sie ein klares Bild vor Augen haben, und fragen Sie Ihren Klienten, um wen es sich handelt.

Oder nehmen wir an, Sie sehen eine Kirche und wissen, daß dort gerade eine Messe gelesen wird. Sagen Sie nicht vorschnell, daß es sich um eine Hochzeit, eine Taufe oder um eine Beerdigung handelt, solange Sie keine entsprechenden Hinweise erhalten haben. Beschreiben Sie einfach nur das Bild, das Sie sehen.

Ziehen Sie auch keine voreiligen Schlüsse, wenn Sie Ihren Klienten mit einem Mann oder einer Frau sehen. Beschreiben Sie den/die Betreffende, und fragen Sie Ihren Klienten, ob er diese Person kennt. Wenn Sie die beiden nahe zusammen sehen, sagen Sie das, aber sagen Sie nichts von einer möglichen Hochzeit; es sei denn, Sie haben so eindeutige Bilder gesehen, wie das etwa in dem eingangs beschriebenen Reading der Fall war. Der Mensch, den Sie sehen, wird wahrscheinlich in der Zukunft Ihres Klienten eine Rolle spielen, jedoch nicht unbedingt als Partner.

Wenn es um Beziehungen geht, ist die Gefahr bisweilen groß, Dinge zu beschönigen oder sich zu Interpretationen hinreißen zu lassen, die der eigenen Phantasie oder dem eigenen Wunschdenken entspringen. Oft ist es nur eine Frage der Zeit, daß Dinge sich klären. Was Sie jetzt nicht sehen, sehen Sie vielleicht im nächsten Reading, falls Ihr Klient wiederkommt. Bis dahin kann sich einiges getan haben. – Ob ein Klient sich entschließt, zu mehreren Readings zu kommen, hängt davon ab, welche Bedeutung er diesen Dingen zumißt. Manche sind schon mit einem Reading zufrieden, andere kommen immer wieder. Und es gibt auch einige, die gleich mehrere Hellsehende konsultieren.

Verschiedene hellsichtige Menschen haben verschiedene Perspektiven, aber es sind in der Regel alles Teile desselben Bildes. So sollte es zumindest sein. Es kommt aber auch vor, daß die Vorhersagen eines Sensitiven sehr stark von dem abweichen, was Sie in einem oder mehreren anderen Readings gehört haben. Das heißt für gewöhnlich, daß eines dieser Readings unzutreffend war. Zwei Hellsehende werden nie genau dasselbe sehen, aber es sollte doch zumindest in einigen wesentlichen Bereichen Übereinstimmungen geben.

Das ist auch eine Möglichkeit, einen Berater, den Sie zum erstenmal aufsuchen, zu testen. Wenn er Ihnen Dinge vorhersagt, die Ihnen gänzlich fremd oder unpassend erscheinen oder die Ihnen noch in keinem anderen Reading gesagt wurden, sollten Sie sich besser an einen anderen wenden. Eine weitere Möglichkeit, einen Sensitiven zu testen, ist, sich zunächst ein Vergangenheitsreading geben zu lassen. Dann finden Sie schnell heraus, ob er sich auf Sie einstimmen kann oder nicht. Sagt er nichts, was mit Ihnen oder Ihrer Vergangenheit zu tun hat, wissen Sie, woran Sie sind. Achten Sie auch darauf, ob er Ihnen allgemeine Dinge sagt, die so ziemlich auf jeden zutreffen, oder ob er in der Lage ist, Ihnen auch detailliertere Angaben zu machen.

Erzählen Sie beim ersten Reading nichts Näheres über Ihr Anliegen. Wenn Sie gefragt werden, warum Sie gekommen sind, dann geben Sie nur knappe Auskunft – etwa, daß Sie sich über Ihr Liebesleben informieren möchten oder über Ihre finanziellen Zukunftsaussichten. Erzählen Sie auf keinen Fall die ganze Geschichte, z.B., daß Sie einen Freund/eine Freundin haben und an Scheidung denken, aber nicht genau wissen, was Sie tun sollen. Dann haben Sie ja bereits das meiste vorweggenommen. Und übrig bleibt nur noch herauszufinden, wie Sie sich wohl verhalten werden. Das ist kein Reading. Sagen Sie also nichts weiter, als daß Sie wegen einer finanziellen oder einer Beziehungsangelegenheit gekommen sind. Nur dann werden Sie ein gutes, unvoreingenommenes Reading erhalten. Gleichzeitig haben Sie Gelegenheit festzustellen, wie gut Ihr »Reader« sich auf Sie einstimmen kann und ob Sie zu einer zweiten Sitzung kommen möchten.

Manche hellsichtigen Menschen neigen dazu, falsche Angaben zu machen, wenn sie es nicht übers Herz bringen, die Wahrheit zu sagen. So z.B. im folgenden Fall: Ein guter Bekannter eines Ehepaares, das seine Beziehungsschwierigkeiten bis dahin geheimgehalten hatte, gab der Frau seines Freundes eine Beratung. Er sah, wie es in Wirklichkeit um ihre Ehe bestellt war, brachte es jedoch nicht fertig, ihr die Wahrheit zu sagen. Er wollte ihr auch nicht sagen, was er für ihre Zukunft vorhersah, nämlich die Scheidung und einen neuen Mann in ihrem Leben. Er behauptete einfach, daß sich an der guten Beziehung zwischen ihr und ihrem Mann nichts ändern würde. Seine Bekannte wußte natürlich, daß dem nicht so war, und wunderte sich, wie er zu dieser Behauptung kam. Erst später gab er zu, was er wirklich gesehen hatte und daß er das nicht habe sagen wollen.

Das zeigt einmal mehr, wie schwierig es ist, nahestehenden Personen ein Reading zu geben. Wir sollten das wirklich nur von Fall zu Fall tun, aber es wird sich natürlich nicht ganz vermeiden lassen. Denken Sie daran, diese Readings sind meist nicht so gut, wie die, die wir Fremden geben. Achten Sie besonders darauf, ob Sie die Wahrheit sehen und sagen können oder nicht. Sobald Sie anfangen zu manipulieren, sollten Sie das Reading abbrechen. Wenn der Betreffende wirklich an einem Reading interessiert ist, kann er sich an jemand anderen wenden.

Als Hellsehender können Sie natürlich auch in eigener Sache tätig sein. Seien Sie sich jedoch bewußt, daß Sie mit recht unangenehmen Dingen konfrontiert werden können. Eine Sensitive sah z.B., daß ihr Mann ein Verhältnis mit einer anderen Frau hatte, und alles deutete darauf hin, daß ihre Ehe gescheitert war. Vielleicht war es gut, das früher zu erfahren, als es sonst der Fall gewesen wäre. Es traf sie jedoch besonders hart, da sie nicht geahnt hatte, wie schlecht es um ihre Ehe stand. Sie reagierte wie jede andere Frau, die gerade erfahren hat, daß ihr Mann sie betrügt und daß ihre Ehe auf dem Spiel steht.

Lassen Sie uns noch einmal auf die Problematik der Beratung für Freunde oder Verwandte zurückkommen. Eine andere sensitive Frau gab einem befreundeten Ehepaar ein Reading. Sie sah deren baldige Scheidung voraus, und auch sie brachte es nicht übers Herz, ihren Freunden das ins Gesicht zu sagen. Sie entschied sich ebenfalls für eine »Notlüge« und sagte den beiden — von denen jeder zu einem Einzelreading gekommen war —, daß sie auch weiterhin eine gute Ehe führen würden. Beide wußten, daß das nicht der Wahrheit entsprach, und fragten sich, wie sie diesen Eindruck bekommen hatte. Sie waren sich nämlich einig, so rasch wie möglich die Scheidung einzureichen, und sie hatten bereits einen entsprechenden Vertrag aufgesetzt. Ihre Freundin gab später zu, daß sie ihnen nicht die Wahrheit hatte sagen wollen, weil sie sich so sehr wünschte, daß sie zusammenblieben.

Solche Beratungen helfen niemandem, weder Ihnen noch Ihren Klienten. Ihre Klienten spüren, daß Sie ihnen nicht die Wahrheit sagen. Und Sie riskieren, gute Freunde zu verlieren. Sie sollten sich also wirklich sehr genau überlegen, ob Sie Menschen, die Ihnen nahestehen, ein Reading geben wollen. Sie nehmen unweigerlich Einblick in ihre intimsten Angelegenheiten.

Sollten Sie sich dennoch entschließen, es zu tun, gibt es eine bessere Möglichkeit, Unannehmlichkeiten auszuweichen: Wenn Sie Dinge sehen, die Sie nicht ansprechen wollen, geben Sie einfach vor, nichts zu sehen. Eine gute Bekannte, eine wirklich begabte Sensitive, sagt in solchen Fällen, sie fände heute keinen »Draht«, manchmal ginge es eben nicht. Und dann fügt sie lachend hinzu, das sei wie bei einem Radio,

entweder der Sender sei richtig eingestellt, oder es käme nur
ein Krächzen. In Wahrheit entgeht ihr jedoch kaum etwas.

Fassen wir zusammen: Wir sehen das, was wir sehen.
Manchmal handelt es sich um scheinbare Nebensächlichkeiten,
dann wieder sehen wir alles ganz detailliert und können eine
Person so beschreiben, als ob sie vor uns säße. Denken Sie auch
daran: Nicht jeder Sensitive nimmt die Dinge bildlich wahr.
Manche fühlen mehr als sie sehen. Sie spüren einfach, was
kommen wird. Sie arbeiten mit einem anderen Wahrneh-
mungskanal. Wenn Sie sich anhand der hier vorgestellten Techniken im Hellsehen und/oder Hellfühlen üben, werden Sie bald
Ihre persönlichen Stärken als Sensitiver entwickeln. Sie werden
bemerken, daß es Ihnen auf manchen Gebieten leichtfällt, genaue Readings zu geben, auf manchen nicht. Konzentrieren Sie
sich auf jene Gebiete, auf denen Sie sich sicher fühlen.

Vielleicht geben Sie hervorragende Readings, wenn es um
zukünftige Beziehungen geht – einschließlich detaillierter Beschreibungen des zukünftigen Partners –, nicht aber, wenn es
um die Vergangenheit geht. Oder Sie machen ausgezeichnete
Gesundheitsreadings, haben aber Schwierigkeiten, einem Klienten Auskunft zu geben, der etwas über den Zustand seines
Autos oder die Aussichten seiner Aktien wissen will. Das wird
vor allem dann der Fall sein, wenn Sie sich nicht für die Börse
oder für Autos interessieren. Dasselbe gilt für das Thema
Gesundheit. Wenn Sie sich bisher nicht mit diesem Thema
beschäftigt haben, fällt es Ihnen wahrscheinlich schwer, gute
Gesundheitsreadings zu geben.

Aber Sie können sicher sein, Sie werden Gebiete finden, die
Ihnen liegen. Es muß, wie gesagt, gar nicht unbedingt sein, daß
Sie die Dinge wirklich sehen. Vielleicht gehören Sie zu den
Sensitiven, die Dinge eher akustisch als optisch wahrnehmen;
vielleicht ist sensitives Malen Ihre Stärke. Es gibt so viele
Möglichkeiten. Wenn Sie künstlerisches Talent haben, versu-
chen Sie es einmal auf diesem Gebiet. Sie könnten sich dann
z.B. in der Verbrecherfahndung nützlich machen. Oder Sie

könnten Menschen helfen, die eine geliebte Person wieder-
finden möchten oder betrauern, indem Sie Porträts des/der
Betreffenden malen.

Es gibt wirklich unzählige Möglichkeiten, wie Sie Ihre se-
herischen Fähigkeiten nutzen können. Wenn Sie »Ihr« Gebiet
gefunden haben und spüren, wie sehr Sie anderen helfen kön-
nen, gehören Sie zu den Menschen, die wirkliche Erfüllung in
Ihrem Beruf finden. Haben Sie erst einmal die grundlegenden
Fertigkeiten erworben, können Sie beginnen, sich nach Ihrem
Spezialgebiet umzuschauen. Und dann sind Sie auf dem besten
Weg, Ihre Fähigkeiten voll zu entfalten.

Lassen Sie mich noch ein besonderes Beispiel sensitiver Mal-
kunst anführen. Ein junger Mann, der sich eben erst verlobt
hatte, verlor kurz darauf seine erst 18jährige Braut. Er war
außer sich vor Schmerz und besaß nicht einmal ein Foto von
ihr. Sie war in einem Waisenhaus aufgewachsen und erst vor
kurzem mit ihm durchgebrannt. Er wandte sich an einen sensitiven Maler, weil er sich so sehr danach sehnte, wenigstens
ein Bild seiner Geliebten zu besitzen. Und es wurde ein außer-
gewöhnlich schönes und sehr berührendes Porträt.

12

Intervention

Können Menschen ihr Leben durch Visualisieren verändern? Können wir für andere visualisieren, und ist deren Zustimmung notwendig? Können wir jedem helfen? – Das sind Fragen, die sich angesichts des bisher Gesagten stellen. Wir sollten uns natürlich darüber im klaren sein, daß es nicht unsere Aufgabe ist, uns in das Leben unserer Klienten einzumischen. Trotzdem ist es natürlich faszinierend zu überlegen, ob wir allein mit Hilfe unserer Vorstellungskraft im Leben eines anderen Veränderungen hervorrufen können. Ob das wirklich möglich ist, hängt von verschiedenen Faktoren ab.

Fassen wir zusammen, was bereits zum Thema Beeinflußbarkeit gesagt wurde: Viele unserer Klienten werden während des Readings sehr empfänglich für das, was wir sagen. Unsere Worte haben große Wirkung auf sie, und Zukunftsprognosen können sich alleine deshalb verwirklichen, weil unsere Klienten daran glauben. Es ist also anzunehmen, daß sie uns auch glauben, wenn wir ihnen sagen, wie sie mittels entsprechender Visualisierungen ihr Leben zum Positiven verändern können. Sprechen Sie zunächst, wie gewohnt, über das, was Sie im Reading gesehen haben. Anschließend können Sie gemeinsam mit Ihrem Klienten überlegen, welche Änderungen in den aufgetretenen Bildern vorgenommen werden müssen, um seine Situation bzw. seine Zukunftsaussichten zu verbessern.

Es funktioniert. Viele meiner Klienten, auch die, denen es ziemlich schlecht ging oder die wiederholt unter Depressionen litten, haben das geschafft. Menschen, die sich entschließen, ihre Probleme zu bearbeiten, klare Ziele ins Auge zu fassen und eine bessere Zukunft zu visualisieren, können ihr Leben verändern. Eine meiner Klientinnen war nach dem Tod ihres Mannes in eine tiefe Depression versunken. Zuerst sprachen wir ausführlich über ihre Gefühle. Dann überlegten wir, wie sie ihre gegenwärtige Situation ändern könne. Schließlich bat ich sie, eine neue, lebenswertere Zukunft zu visualisieren. Es gelang ihr, und sie spürte, wie gut ihr diese Vorstellung tat. Es geht ihr jetzt viel besser, und ihr Leben hat sich sehr gewandelt.

Wir können unser Leben gestalten. Wir haben die Wahl. Das, was wir denken und uns vorstellen, manifestiert sich. Und wir können wählen, was wir denken und uns vorstellen wollen. Das ist eine Entscheidung, die wir bewußt treffen können. Die meisten nützen diese Chance jedoch nicht und wursteln sich im wahrsten Sinne des Wortes durchs Leben. Sie lassen sich von jenen Vorstellungen leiten, die andere ihnen eingeimpft haben (z.B. die, die in ihrer Kindheit das Sagen hatten). Bei solchen Menschen treten Ihre Vorhersagen mit Sicherheit ein; es sei denn, sie hätten sich in der Zwischenzeit entschlossen, ihre alten Muster aufzulösen.

Wir haben gesehen, daß es möglich ist, die Vorstellungswelt unserer Klienten zu ändern, wenn sie uns dabei unterstützen. Doch können wir dies auch ohne ihre Zustimmung tun? Können wir Veränderungen im Denken eines Menschen allein durch unsere Vorstellungskraft hervorrufen? Können wir jemandem auf diese Weise helfen, sein Leben zu verändern? — Es geht, aber nicht immer. Ob es möglich ist, hängt im wesentlichen davon ab, wie intensiv die mentale Verbindung zwischen Ihnen und Ihrem Klienten ist und wie klar und deutlich Sie die entsprechenden Bilder und Gedanken vor sich haben.

Folgende Technik wird Ihnen helfen: Visualisieren Sie neue, bessere Lebensumstände für Ihren Klienten und sehen Sie diese Bilder neben seiner/ihrer Lebenslinie. Stellen Sie sich dann vor, wie sie mit der Lebenslinie Ihres Klienten verschmelzen. Wenn Ihr Klient in der Lage ist, diese neuen Bilder und Vorstellungen in sein Unterbewußtsein aufzunehmen, haben Sie den Grund-

stein für eine Veränderung gelegt. Sollte sein/ihr Unterbewußtsein sich jedoch gegen jede äußere Einflußnahme wehren, dann
können Sie nicht helfen.

Bestimmte Meditationsformen wenden ebendiese Methode
an. Der Meditierende versetzt sich in einen tiefen Entspannungszustand und ruft sich das Bild desjenigen vor Augen,
dem er helfen möchte. Er sieht ihn vor sich; sieht, daß es ihm
gutgeht und daß er sich wohl fühlt. Vielleicht haben Sie Lust,
es selbst einmal auszuprobieren. Bleiben Sie so lange bei dieser
Vorstellung, bis Sie spüren, daß Sie aufhören können. Kehren
Sie dann ins Wachbewußtsein zurück. Auch hier gilt: Schenken
Sie negativen Bildern und Gedanken keinerlei Beachtung, sondern konzentrieren Sie sich auf jene Bilder, in denen Ihr Klient
frei ist von allen Sorgen und Beschwerden, die ihn/sie gegenwärtig belasten.

Wenn Sie einem anderen Menschen auf diese Weise Liebe
und Unterstützung zukommen lassen, tun Sie dabei auch etwas für sich. Ihr eigenes Unterbewußtsein füllt sich nämlich mit
eben den Gedanken, die Sie jenem Menschen schicken – d.h.,
eine Meditation zum Wohle anderer bringt auch Ihnen Gutes.

In der Regel werden Sie Ihre Readings, wie gesagt, ganz
normal abhalten und Ihren Klienten als neutrale Beobachter
zur Verfügung stehen. Wenn Sie jedoch spüren, daß Sie einem
Menschen zusätzliche Hilfe und Unterstützung mit auf den
Weg geben möchten, dann tun Sie das. Sie wissen jetzt, wie
man das macht. Aber bitte tun Sie es nur, wenn es wirklich von
Herzen kommt. Sie wissen ja, das, was Sie anderen schicken,
schlägt sich auch in Ihrem Leben nieder. Sie werden die Wirkung sofort spüren, und ebenso wird es Ihrem Klienten ergehen. Wenn Sie jemandem Liebe, Gesundheit, Fülle, Wohlstand, Erfolg und andere positive Dinge wünschen, werden Sie
selbst von diesen Gefühlen beflügelt.

Näheres zum Thema »Einflußnahme« finden Sie im zweiten
Teil dieses Buches.

13

Neutralität

Es gibt wohl kaum ein Thema, bei dem es so leicht zu Fehldeutungen kommt, wie bei Liebes- und intimen Beziehungen. Auch Hellsehende haben persönliche Probleme und ihre eigenen, ganz persönlichen Schwächen und Stärken. Schwierig wird es dann, wenn ein »Reader« dasselbe oder ein ähnliches Problem hat wie sein Klient. Da kann es leicht geschehen, daß die emotionale Distanz verlorengeht und daß er/sie sich plötzlich mit der eigenen Problematik beschäftigt, statt mit der des Klienten.

Ich kenne eine hellsichtige Frau, die selbst sehr unter Einsamkeit leidet; so sehr, daß ihre Arbeit davon beeinträchtigt wird. Sie sieht das, was sie sehen möchte, und nicht das, was ist. Ein anderer Sensitiver pflegte seinen Klienten einzureden, daß jemand bei ihnen einbrechen würde, und riet ihnen, umgehend alle Schlösser zu erneuern. Er war schon alt und lebte alleine. Das, was er da sah, waren Projektionen seiner eigenen Ängste.

Schwierig wird es auch dann, wenn Sie persönliche Gefühle und Erwartungen, eigene Vorstellungen, Anschauungen und Neigungen ins Spiel bringen oder wenn Sie gewissen Themen nur mit Ablehnung begegnen und das womöglich Ihren Klienten spüren lassen. So etwas geschieht natürlich vor allem, wenn Sie Readings im Freundes- oder Verwandtenkreis geben. Über die Problematik solcher Readings wissen Sie ja bereits Bescheid, und auch, daß es meistens besser ist, sich an einen Außenstehenden zu wenden.

Was können Sie also tun, um Ihre persönlichen Angelegenheiten aus Ihren Readings herauszuhalten? Wie kommt ein wirklich neutrales Reading zustande? Wenn Sie vorhaben, auf diesem Gebiet zu arbeiten und wirklich gute Arbeit leisten wollen, müssen Sie unbedingt lernen, sich ganz dem zu überlassen, was Sie an Bildern und Eindrücken empfangen — vorurteilslos und unbeeinflußt von allem Persönlichen. Die Techniken, die in diesem Buch beschrieben werden, helfen Ihnen dabei. Nehmen wir z.B. den ovalen Rahmen. Er hilft Ihnen, jene Bilder zu sehen, die Auskunft über die Beziehungen und Herzensangelegenheiten Ihres Klienten geben. Was immer an persönlichen Vorstellungen, Gedanken, Gefühlen und Reaktionen in Ihnen aufsteigt — es wird im Hintergrund bleiben, wenn Sie es so wollen. Auch hier ist es Ihre Entscheidung, was geschieht. Sie werden sehen, schon nach kurzer Zeit spüren Sie den Unterschied und können klar trennen zwischen dem, was Sie seherisch wahrnehmen, und Ihren subjektiven Gedanken und Empfindungen.

Nicht alles, was Ihnen während eines Readings durch den Kopf geht, ist jedoch rein subjektiver Natur. Die Mentalsphäre ist einer der Kanäle, durch den sensitive Informationen empfangen werden. Im Kapitel »Intuition« erfahren Sie Näheres darüber. Auch hier werden Sie mit der Zeit ein gutes Gespür entwickeln, um welche Art von Gedanken es sich handelt, um eigene oder sensitiv wahrgenommene. Geduld und Übung sind erforderlich, aber Sie werden es schaffen. Die hier beschriebenen Techniken helfen Ihnen dabei.

Verwenden Sie stets die gleichen mentalen Rahmen. Sie werden bald erkennen, wie nützlich sie sind. Innerhalb desselben Rahmens werden Sie die verschiedensten Bilder und Eindrücke wahrnehmen, denn jeder Mensch hat seine eigene Geschichte, seine eigene Realität. Lassen Sie mich das am Beispiel von Taschenbüchern erklären. Äußerlich sind sich alle ziemlich ähnlich. Papier, Schriftbild und Größe, das alles unterscheidet sich nur unwesentlich voneinander. Aber natürlich hat jedes Buch seinen eigenen, unverwechselbaren Inhalt. Wenn

Sie erst mit dem Drumherum, dem Rahmen, vertraut sind, können Sie sich ganz auf den jeweiligen Inhalt, d.h. die Wirklichkeit Ihres Klienten, konzentrieren.

Halten Sie sich so lange an die hier vorgestellten Techniken, bis Sie genügend Sicherheit im Umgang mit dem Reading gewonnen haben. Mit zunehmender Praxis werden Sie hier und da Veränderungen anbringen. Je mehr sich Ihre seherischen Fähigkeiten entfalten, desto eigenständiger werden Sie vorgehen. Nach und nach entwickeln Sie Ihre eigenen, ganz persönlichen Methoden, und Sie werden feststellen, daß Sie mit keinen anderen so gute Ergebnisse erzielen. Was immer sich in der Praxis bewährt, tun Sie es, solange Sie damit gute, genaue Readings erzielen. Auf der Suche nach dem eigenen Weg können Sie sich jedoch mitunter verlaufen. Ihre Readings werden dann immer verworrener. Sobald Sie das bemerken, sollten Sie »zurückschalten«, d.h. auf altbewährte Methoden zurückgreifen; bis Sie sich wieder sicher fühlen.

Es mögen Zeiten kommen, in denen Sie einfach nicht in der Lage sind, Readings zu geben. Vielleicht sehen Sie plötzlich nichts mehr, oder es fällt Ihnen zunehmend schwerer, Ihre eigenen Gedanken und Gefühle aus den Readings herauszuhalten. Das sind Zeiten, in denen Sie Pause machen sollten. Sie brauchen Abstand. Nehmen Sie solche Signale ernst. Sie sollten sich niemals dazu zwingen, ein Reading zu geben, auch dann nicht, wenn es »nur« daran liegt, daß Sie sich nicht richtig auf Ihr Gegenüber einstimmen können. Unter solchen Umständen kommen nur ungenaue, unbefriedigende Ergebnisse zustande, und davon hat niemand etwas, weder Sie noch Ihr Klient. Spannen Sie lieber aus. Gehen Sie mental auf Erholung. Auch wenn es einige Wochen oder sogar Monate dauern sollte. Nehmen Sie sich Zeit, so lange, bis Sie spüren, daß Sie neue Kräfte gesammelt haben und wieder bereit sind zu arbeiten. Dann werden Sie wieder wirklich gute Readings geben.

14

Intuition

Dinge intuitiv zu erfassen heißt, sie zu spüren, zu hören, zu ahnen oder auf irgendeine andere, nicht bildliche Art wahrzunehmen und zu wissen, worum es geht, ohne darüber nachzudenken, ohne interpretieren zu müssen.

Auch wenn Sie Bilder sehen, müssen Sie sich oft auf das verlassen, was Ihnen Ihr Gefühl oder Ihre innere Stimme sagt; dann nämlich, wenn Sie Dinge sehen, mit denen Sie zunächst nichts anfangen können. In solchen Fällen sind Sie auf Ihre Intuition angewiesen. Und in der Regel werden Sie auch spüren, was gemeint ist. Mir geht es oft so, wenn man mir Fragen stellt. Ich weiß rein gefühlsmäßig, was die Antwort ist, ohne sie wirklich zu sehen. Intuition spielt in jedem Reading eine wichtige Rolle. Readings für Freunde und Verwandte sind deshalb so schwierig, weil es uns oft nicht gelingt, zwischen »subjektiven« und »objektiven« Gedanken und Gefühlen zu unterscheiden – dann nämlich, wenn wir es nicht schaffen, die nötige emotionale Distanz aufrechtzuerhalten.

Für intuitive Readings, d.h. Readings, die über den intuitiven Kanal gespeist werden, gibt es keine mentalen Rahmen. Alles das, was hinsichtlich der mentalen Haltung gesagt wurde, gilt jedoch. Auch solche Readings sind natürlich nur dann möglich, wenn Sie sich entsprechend auf Ihr Gegenüber eingestimmt haben.

Intuition spielt, wie gesagt, in jedem Reading eine Rolle. Manchmal brauchen wir einen Menschen nur zu sehen und wissen bereits, was ihn beschäftigt oder wie es ihm geht. So kam eine Frau auf einer Esoterikmesse zu mir, und noch bevor

sie sich gesetzt hatte, war mir klar, daß es um das Thema
»Reisen« ging. Sie erzählte mir dann auch, daß sie plane, sich
beruflich zu verändern und daß sie sich in dieser Branche nach
einem neuen Job umsehen wolle. Ich hatte weder Bilder gesehen, noch irgendeine der beschriebenen Techniken angewendet. Das Wort »Reisen« fiel mir einfach ein, als ich diese
Frau sah.

Bei einer anderen Gelegenheit fiel mir plötzlich der Name
»John« ein, und ich fragte meine Klientin, wer das sei. Es
handelte sich um ihren früheren Ehemann, mit dem sie eine
Menge Auseinandersetzungen gehabt hatte. Dieser Name kam
mir einfach, ohne daß ich etwas dazu getan hätte.

Zum erstenmal bemerkte ich meine intuitive Veranlagung,
Jahre bevor ich anfing Readings zu geben. Damals dachte ich
nicht einmal daran, daß ich jemals auf diesem Gebiet arbeiten
würde. Ich besuchte zusammen mit einem Freund eine Auk-
tion, auf der Oldtimer versteigert wurden. Neben mir stand
eine gutgekleidete junge Frau. Im Verlauf der Versteigerung fiel
mir ein Name ein, und wenig später kam ein Bekannter auf sie
zu und nannte sie bei ebendiesem Namen. Auch Sie haben
bestimmt schon ähnliches erlebt. Oft wissen wir im voraus,
was unser Gesprächspartner als nächstes sagen wird, oder wir
sehen Dinge, die dann auch wirklich geschehen. – Spüren Sie
nicht auch des öfteren, was »läuft«, ohne konkrete Anhaltspunkte dafür zu haben?

Um Readings zu geben, müssen Sie, wie gesagt, nicht unbedingt Bilder vor Augen sehen. Auch ohne viel zu sehen, können Sie ausgezeichnete Arbeit leisten. Sensitive, die die Dinge
intuitiv wahrnehmen, haben in der Regel ihr Gespür sehr viel
besser entwickelt als jene, die primär über den optischen Kanal
arbeiten – schließlich ist das ja der Weg, der ihnen den Zugang
zu Informationen vermittelt.

Auch unter den Ratsuchenden wird man einige finden, die
die Dinge nicht begrifflich oder bildlich erfassen, sondern rein
gefühlsmäßig. Ich kenne eine Malerin, die sich nicht vorstellen

kann, wie ihre Bilder aussehen werden, bevor sie sie gemalt hat. Sie malt einfach nach dem Gefühl: Landschaften, Stilleben, Abstraktes, Impressionistisches, was immer ihr gefällt. Und ihre Bilder sind wunderschön. Menschen, die keine gute bildliche Vorstellungskraft besitzen, entwickeln in der Regel Fähigkeiten auf anderen Gebieten. Sie können, wie gesagt, großartige Sensitive sein.

Es ist übrigens irreführend, von seherischer »Kraft« zu sprechen. Es geht hier nicht um Stärke, sondern um Empfänglichkeit. Jemandem ein Reading zu geben heißt, sich zu öffnen und zu empfangen. Nur dann können wir die subtilen Informationen oder Schwingungen wahrnehmen, die den Inhalt des Readings ausmachen. Es verhält sich ähnlich wie bei Radios: In der Werbung nennt man das gerne »stark« oder »leistungsfähig« – aber ist das nicht eine falsche Sicht? Gemeint sind Geräte, die auch Programme entlegener Sendestationen mit guter Tonqualität empfangen können. Eigentlich sind solche Radios »empfindlicher« als andere, denn sie können schwächere Signale wahrnehmen. Dasselbe gilt für hellsichtige Menschen.

Von Zeit zu Zeit wird es Ihnen schwerfallen, die Bilder, die Sie im Reading sehen, adäquat zu deuten. Die Bilder und Eindrücke sind da, aber Sie können sie nicht auslegen. Wenn Ihnen das passiert, sollten Sie innehalten. Wahrscheinlich waren Sie zu sehr »im Kopf«. Öffnen Sie sich, horchen Sie auf Ihr Gefühl, und versuchen Sie zu spüren, intuitiv zu erfassen, was diese Bilder im Hinblick auf Ihren Klienten bedeuten. Denn um den geht es ja schließlich und nicht darum, was Sie in diesen Bildern sehen.

15

Fallbeispiele

Im Laufe der Jahre habe ich mit unzähligen Menschen gearbeitet und die verschiedensten Fälle kennengelernt. Einige davon möchte ich im folgenden anführen, denn ich glaube, daraus kann man eine Menge lernen.

In einem Reading können Sie sich, wie Sie wissen, über Ihren Gesundheitszustand informieren. Deshalb suchte mich eine junge Frau auf, die sich seit einiger Zeit nicht wohl fühlte. Die Ärzte hatten bisher nichts gefunden, aber ihr Zustand wollte und wollte sich nicht bessern. Im Gesundheitsreading zeigte sich schließlich, was ihr zu schaffen machte: Im Brustbereich war ein großer roter Fleck zu sehen, vor allem ihre linke Brust schien betroffen. Ich riet ihr, einen Gynäkologen aufzusuchen und um eine Vorsorgeuntersuchung zu bitten, sagte ihr jedoch nichts davon, daß ich in ihrer linken Brust etwas Verdächtiges gesehen hatte, um sie nicht zu beunruhigen.

Nach einiger Zeit rief sie mich an und erzählte, wie es ihr in der Zwischenzeit ergangen war. Die Mammographie, die ihr Gynäkologe vornehmen ließ, hatte ergeben, daß sich in ihrer linken Brust einige Tumore befanden, die jedoch gutartig zu sein schienen. Ihr Arzt riet ihr trotzdem zu einer Operation, da er jedes Risiko ausschließen wollte. Es folgten die üblichen Kontrolluntersuchungen. Sie hat sich nach der Operation gut erholt und fühlt sich wieder bei Kräften. Sie macht sich jetzt keine Sorgen mehr um ihre Gesundheit.

Ein Kursteilnehmer wurde von einem Bekannten gebeten, ein Gesundheitsreading für dessen langjährigen Freund vorzunehmen. Dieser war plötzlich erkrankt und mit dem Verdacht

auf Lungenentzündung ins Krankenhaus eingeliefert worden.
Im Reading zeigte sich, daß es sehr schlecht um den Betreffenden stand. Der Hintergrund seiner Lebenslinie war rot,
und es war sogar das Bild eines Todesengels zu sehen. Es
bestand kein Zweifel daran, daß es sich um eine tödliche
Krankheit handeln mußte. Unser Kursteilnehmer, der bereits
sehr geschickt im Umgang mit den verschiedenen Techniken
war, versuchte dem Erkrankten zu helfen, soweit er konnte. Er
visualisierte eine kräftige, weiße Lebenslinie und entfernte alle
Anzeichen, die auf den Tod des jungen Mannes hingewiesen
hatten. Es gelang ihm, diese Vorstellung während einiger Tage
aufrechtzuerhalten, und der Erkrankte erholte sich sichtlich.
Bald stellte sich jedoch erneut eine Verschlechterung ein, und
er starb wenig später. Die Untersuchungen ergaben übrigens,
daß es sich um AIDS gehandelt hatte.

Wie Sie wissen, kann man in einem Reading auch feststellen,
wie sich eine Beziehung entwickeln wird. Bei einer jungen
Frau, die glücklich verheiratet zu sein schien, zeigte sich, daß sie
schon bald mit einem anderen zusammensein würde. Die Bilder, die ich zu sehen bekam, waren so, wie man sich die große
Liebe vorstellt: ein gutaussehender junger Mann, die große
Leidenschaft, Liebesszenen voller Romantik und Sinnlichkeit.
Ich gab ihr eine Beschreibung dieses Mannes und deutete
zunächst nur an, daß da wohl erotische Gefühle im Spiel seien.
Wie sich herausstellte, kannte sie diesen Mann bereits seit
einiger Zeit, und vor ihrer Eheschließung war es sogar zu einer
kurzen, leidenschaftlichen Affäre gekommen. Sie gab zu, daß
sie auch heute noch ganz verrückt nach ihm war, und war
überglücklich, als ich ihr sagte, daß sie, soviel ich gesehen hatte,
mit diesem Mann wieder zusammenkommen würde. – Nur
wie sie das ihrem Mann erklären sollte, wußte sie noch nicht.

Die Bilder, die sich in diesem Reading zeigten, waren sehr
direkt. Ich halte es für angebracht, in solchen Fällen diskret zu
sein und nur anzudeuten, worum es geht. Diese Frau verstand,
was gemeint war, ohne daß ich ins Detail gehen mußte.

Wie Sie wissen, können Sie natürlich auch Readings in eigener Sache durchführen. Eine ehemalige Kursteilnehmerin, die sehr feine Antennen entwickelt hatte, fühlte sich in ihrer Ehe nicht wohl. Sie wußte nicht, warum das so war, bis sie eines Tages ein Bild vor Augen sah, daß ihren Mann mit einer anderen Frau zeigte. Sie spürte sofort, daß diese Frau die Geliebte ihres Mannes war, und stellte ihn zur Rede. Ihr Mann war verblüfft, daß sie sie so genau beschreiben konnte, blieb aber hartnäckig und behauptete, daß sie sich alles nur einbilde. Er nannte sie sogar »Hexe« und ließ im Verlauf der Auseinandersetzung noch verschiedene andere Beschimpfungen fallen. Wenig später stellte sich jedoch heraus, daß sie recht hatte, und ihr Mann reichte die Scheidung ein.

Manche werden sich angesichts dieses Beispiels fragen, ob es überhaupt wünschenswert ist, solche Dinge zu sehen, oder was es bringt, in die Zukunft zu schauen, wo sie doch oft ganz anders ist, als wir es gerne hätten. Ich glaube, wir können nur das sehen, was für unsere Augen bestimmt ist; und das, was ist oder sein wird, müssen wir sowieso früher oder später zur Kenntnis nehmen. Wir können einiges sehen, aber es gibt genügend Dinge, die uns verborgen bleiben. Bei all dem dürfen wir eines nicht vergessen, nämlich daß wir selbst an der Gestaltung unserer Zukunft teilhaben – unabhängig davon, was uns vorhergesagt wurde oder was wir vorhergesehen haben. Ja, vielleicht hilft uns ein solches Reading sogar, bewußt einzugreifen. Und es gibt ja auch viele positive Vorhersagen. Vielen Menschen, die sich einsam fühlen und sich nichts so sehr wünschen, wie endlich einen geeigneten Partner zu finden, fällt ein Stein vom Herzen, wenn sie erfahren, daß ihr sehnlichster Wunsch bald in Erfüllung geht.

Einigen mag sich auch die Frage stellen, ob es nicht bisweilen sehr unangenehm sein kann, mit einem hellsichtigen Partner zusammenzusein. Man möchte doch schließlich das eine oder andere für sich behalten. – Auch hier kann man antworten, daß der Partner nur das sieht, was er sehen soll. Denken

Sie auch daran, daß es in den meisten Fällen gar nicht leicht ist, Menschen, denen wir nahestehen, ein Reading zu geben; besonders dann, wenn Emotionen im Spiel sind. Und selbst wenn wir einiges sehen, so sind wir doch oft nicht fähig, diese Bilder adäquat zu deuten. Eines brauchen Sie gewiß nicht zu fürchten: daß Ihr Partner Ihre Gedanken lesen kann.

Natürlich gibt es Menschen, die sehr wohl in der Lage sind, ihrem Partner ein genaues Reading zu geben. Ich habe von einem Paar gehört, die beide hellsichtig sind und einander sehr genaue Readings geben können; nicht nur, was ihre Beziehung anbelangt, sondern auch im Hinblick auf ihre persönlichen Angelegenheiten. Die meisten dieser Readings haben sich als sehr hilfreich erwiesen, und ihre Beziehung hat sich durch diese gemeinsame Erfahrung vertieft.

Lassen Sie mich noch einige Beispiele anderer Beziehungsreadings anführen: Eine Frau, die beruflich sehr erfolgreich war, führte, wie sich im Reading zeigte, eine wenig befriedigende Beziehung. In ihrem Herzen sah es ziemlich leer aus. Zwar war im Hintergrund – ganz am äußeren Rand – das Bild eines Mannes zu sehen, doch schienen die beiden getrennte Wege zu gehen. Ich sagte ihr, was ich gesehen hatte, und sie bestätigte, daß die Beziehung zu ihrem Mann eigentlich nur noch auf dem Papier bestünde. Sie hatte wiederholt an Scheidung gedacht, hatte sich jedoch bisher davon abhalten lassen, weil sie befürchtete, ein solcher Schritt könnte sich ungünstig auf ihre Karrieren auswirken – auf ihre eigene und auf die ihres Mannes – oder ihrem öffentlichen Ansehen schaden. Das wollte sie weder ihm noch sich selbst antun.

Ein junger Mann, der sich offensichtlich zwischen zwei Frauen hin- und hergerissen fühlte, war zu einem Reading gekommen. Beide waren neben seiner Lebenslinie zu sehen. Die erste, die ich beschrieb, war seine Freundin. Ich spürte jedoch, daß er sich noch mehr zu der anderen hingezogen fühlte. Es bestand übrigens eine verblüffende Ähnlichkeit zwischen den beiden Frauen, nur ihre Frisuren unterschieden sich.

Die eine hatte dunkles, glattes Haar, die andere blondes, gelocktes. Man hätte glauben können, es handle sich um dieselbe Frau, einmal mit Perücke, einmal ohne. Mein Klient löste das Rätsel: Die beiden waren Zwillingsschwestern. Er gab zu, daß er sich noch mehr zu der Schwester als zu seiner Freundin hingezogen fühlte, und erzählte von der unangenehmen Lage, in der er sich befand: Er brachte es nicht übers Herz, eine Beziehung mit ihrer Schwester einzugehen, konnte sich aber auch seiner Freundin nicht wirklich zuwenden, da er ja eigentlich die andere wollte.

Auch Sie werden schon erlebt haben, wie es ist, plötzlich ein Gefühl drohender Gefahr zu haben, und wissen, daß solche Ahnungen uns warnen und schützen können. Eine Bekannte war in eine abgelegene, bergige Gegend gezogen. Sie liebte lange Spaziergänge, fünf Meilen oder mehr, durch Wälder und unwegsames Gelände, wobei sie auch Bäche und gelegentlich sogar Flüsse durchquerte. Sie wohnte erst seit ein paar Monaten in dieser Gegend, als sie auf einer ihrer Wanderungen folgendes Erlebnis hatte: Sie kam an einem Haus vorbei, das sie zuletzt kurz vor der Fertigstellung gesehen hatte, und bemerkte, daß hier in der Zwischenzeit jemand eingezogen war. An diesem Tag war sie nicht alleine unterwegs, sondern befand sich in Begleitung eines Freundes. Auf dem Rückweg, der sie wieder an diesem Haus vorbeiführte, schlug ihr Begleiter vor, hineinzugehen und den neuen Besitzer zu begrüßen, doch meine Bekannte hatte ein seltsames Gefühl und bat ihn, auf diesen Besuch zu verzichten.

Sie waren noch nicht ganz an dem Haus vorbei, als plötzlich ein Mann hinter ihnen auftauchte. Er gab sich als Eigentümer zu erkennen und schien wenig erfreut darüber, sie auf seinem Grundstück anzutreffen. Er fragte, was sie hier zu suchen hätten, und wollte wissen, wie sie über den Fluß gekommen wären. Es ging etwas Beunruhigendes von ihm aus, und meine Bekannte sah mit einem Mal einen Teufel über seiner rechten Schulter. Sie sah auch Bilder, die auf Drogenmißbrauch hin-

wiesen und darauf, daß er mit anderen Männern intime Beziehungen pflegte.

Sie spürte so stark, daß hier dunkle Kräfte gegenwärtig
waren, daß sie sich schwor, nie mehr in die Nähe dieses Hauses
zu kommen. — Schließlich wurde sie aber doch neugierig, und
begab sich, wiederum in Begleitung, nochmals an diesen Ort;
gerade so nahe, daß sie sich mit eigenen Augen davon überzeugen konnte, was hier vor sich ging: Mehrere junge Männer
hielten sich auf dem Grundstück auf, die offensichtlich unter
dem Einfluß von Drogen standen und völlig ungeniert Zärtlichkeiten austauschten. Nicht weit vom Haus entfernt sahen
sie Fallen und Kisten, die wohl dazu dienen sollten, Tiere zu
fangen. Es war sogar ein Graben ausgehoben worden, der das
Haus in einigem Abstand kreisförmig umgab. Meine Bekannte
fand ihre Eindrücke bestätigt und war sehr dankbar, daß sie
rechtzeitig gewarnt worden war. Sonst hätte sie sich womöglich in Gefahr begeben. Sie hat seitdem die Umgebung dieses
Hauses gemieden.

Eine andere Bekannte spürte die Gegenwart dunkler
Mächte, als sie in einer fremden Stadt in einer Pension über-
nachtete. Die Inhaberin der Pension war wie meine Bekannte
hellsichtig. Sie war zunächst erfreut darüber und dachte, sie
hätten vielleicht Gelegenheit, sich auszutauschen. Doch während der Nacht änderte sich das. Sie hatte plötzlich das Gefühl,
daß in diesem Haus böse Kräfte am Werk waren. Sie hatte ein
Gefühl, als ob es in dem Zimmer, das sie bewohnte, einen
Mord oder einen anderen unnatürlichen Todesfall gegeben
hätte. An den Wänden befanden sich verschiedene Porträts,
und ihr war, als ob eine der abgebildeten Personen mit der
Sache zu tun hatte. Es war das Bild einer Frau, und jedesmal,
wenn ihr Blick auf dieses Bild fiel, sah sie den Tod.

Die Inhaberin hatte eine seltsame Geschichte erzählt von
kleinen schwarzen Männchen, die durch die Decke kommen
und ihr sagen würden, was sie zu tun habe. Diese Männchen
würden auch des öfteren durch sie sprechen. Sie hielt, wie sich

herausstellte, Séancen ab, und zwar neben jenem Zimmer, in dem meine Bekannte die Nacht verbracht hatte. – Waren da also wirklich dunkle Mächte am Werk? Meine Bekannte wurde von zwei Personen begleitet, und auch sie konnten sich dieses Gefühls nicht erwehren. Jedenfalls wollte keiner der drei eine weitere Nacht in diesem Haus verbringen, und sie sahen sich nach einer neuen Unterkunft um.

Eine Verwandte erzählte mir von einem Erlebnis, das sie einige Jahre zuvor gehabt hatte: Sie lag im Bett, als ihr plötzlich das Bild ihrer verstorbenen Großmutter vor Augen kam. Ihr war, als ob die Großmutter ihr folgendes sagen wollte: »Wenn Du einen faulen Apfel im Korb hast, nimm ihn heraus, sonst faulen auch die anderen Äpfel.« Sie überlegte, was das zu bedeuten habe, und gelangte schließlich zu der Überzeugung, daß sie gut daran tun würde, sich einer Vorsorgeuntersuchung zu unterziehen. Im Zuge dieser Untersuchung stelle sich heraus, daß ihr Krebsabstrich nicht ganz in Ordnung war. Ihr Gynäkologe meinte zwar, sie solle sich keine Sorgen machen, doch die Worte ihrer Großmutter gingen ihr nicht aus dem Sinn. Sie spürte, daß etwas geschehen müsse, und entschloß sich zu einer Totaloperation. Ihr Arzt zeigte sich verständnisvoll, und die Operation wurde bald darauf durchgeführt. Es stellte sich heraus, daß sich in ihrer Gebärmutter wirklich einige Krebsgeschwulste gebildet hatten. Die Vision hatte ihr also das Leben gerettet.

Auch in einem anderen Fall half die Großmutter: Ihr Enkel sah immer wieder ihr Bild vor Augen und hatte das Gefühl, daß sie ihn ständig begleite. Eines Tages sah er folgendes: Seine Großmutter stand neben ihm, und auf der anderen Seite stand eine Frau, die er schon lange nicht mehr gesehen hatte. Er hatte das Gefühl, seine Großmutter bitte ihn darum, sich mit dieser Frau in Verbindung zu setzen. Er tat es, und es stellte sich heraus, daß sie schon seit einiger Zeit den Wunsch hatte, ihn wiederzusehen. Sie hatte jedoch nicht gewußt, wo er zu erreichen war. Es dauerte gar nicht lange, bis sie sich verlobten.

Hier ein ganz anderer Fall: Bei einem jungen Mann zeigten sich mehrere Frauen in seinem Herzbild. Eine dieser Frauen schien ständig bei ihm zu sein, doch die anderen kamen und gingen. Nach einigem Zögern gab mein Klient zu, daß er schon eine Menge Affären gehabt habe. Er war verheiratet und behauptete, seine Frau zu lieben. Trotzdem gab es auch gegenwärtig eine andere. Und auch in seiner Zukunft schien sich das Bild nicht zu ändern. Soweit ich weiß, ist dieser Mann seiner Frau bis zum heutigen Tag untreu.

Eine Frau, die kurz zuvor von ihrem Mann geschieden worden war, wollte wissen, was ihr die Zukunft in Sachen Liebe bringen würde. Im Reading zeigten sich Bilder einer Hochzeit, darunter eine Kirche, wie sie im Süden der USA zu finden ist, mit ihren typischen Türmen, in denen man die Glocken von außen sehen kann. Der Priester war ein älterer Mann mit schütterem Haar. Auch das Innere der Kirche war sehr genau zu sehen und die Gäste, die zu beiden Seiten des Ganges saßen. Sogar ihr früherer Ehemann war gekommen und die Kinder, die aus dieser Ehe stammten. Nach der Trauung begab man sich in die Eingangshalle, wo die Gäste Gelegenheit hatten, das Brautpaar zu beglückwünschen. Auch sie war ganz deutlich zu sehen, einschließlich der dunklen Holztäfelung.

Diese Hochzeit wurde auch von zwei anderen Hellsichtigen beschrieben, die meine Klientin aufsuchte. Alle Beschreibungen waren einander sehr ähnlich: Der eine sah vornehmlich das Kircheninnere und die Trauungszeremonie, der andere die anschließende Gratulation, der dritte das Ganze. Allerdings hat sich die Vorhersage bis zum heutigen Tag (1991, Anm. d. Ü.) noch nicht bestätigt.

Eine junge Frau hatte eine schwierige und frustrierende Beziehung. Das Reading zeigte, daß der Mann, mit dem sie zusammen war, eine gelbe Lebenslinie hatte, mit verschiedenen bräunlichen und trüben Stellen. Sie erzählte, daß er sich mitunter sehr seltsam verhalten würde und immer wieder merkwürdigen Stimmungsschwankungen unterworfen sei. Einmal war er sehr nett, dann plötzlich wie ausgewechselt und aus unersichtlichen Gründen sehr aufgebracht. Sie versuchte, noch eine Zeitlang an dieser Beziehung festzuhalten, mußte aber schließlich erkennen, daß er an einer Gemütskrankheit litt, die auf einer Fehlfunktion des Nervensystems beruhte. Das also war der Grund für die Verfärbungen, die sich in der Lebenslinie dieses Mannes zeigten.

Eine andere Ratsuchende war gekommen, weil sie sich über ihre weitere berufliche Laufbahn informieren wollte. Sie hatte vor, in der Immobilienbranche tätig zu werden, und besuchte gegenwärtig einen entsprechenden Lehrgang. Sie würde jedoch nicht im Verkauf arbeiten, wie das Reading zeigte, sondern in einem angrenzenden Bereich und für eine andere Firma als ursprünglich angenommen. Und so geschah es auch.

In meinen Kursen haben die Teilnehmer Gelegenheit, sich gegenseitig Readings zu geben. Nennen wir die beiden, deren Reading ich im folgenden schildern möchte, Sam und John. Sam gab also John ein Reading und sagte, er sehe eine Frau in seiner Nähe und hinter ihr, wie einen Schatten, noch eine zweite Person. Er habe das Gefühl, auch das sei eine Frau. John fühlte sich sichtlich unwohl und begann, auf seinem Stuhl hin- und herzurutschen. Er errötete und bat, das Thema zu wechseln. Er wollte auch keine Stellungnahme abgeben, und das Reading wurde mit anderen Partnern fortgesetzt. John vertraute mir später unter vier Augen an, warum ihm das Ganze so peinlich war. Sam war es offensichtlich gelungen, hinter die Kulissen zu schauen und jene Frau zu sehen, mit der John seit einiger Zeit ein Verhältnis hatte. Er hatte die Sache bisher streng geheimgehalten und war verblüfft, daß Sam, dem er noch nie zuvor begegnet war, das sehen konnte, was er bisher so sorgfältig verborgen hatte.

Bill, ein Kursteilnehmer, der gerne an Autos herumbastelte und sich auch technisch gut auskannte, wurde gebeten, das Auto eines anderen Kursteilnehmers einem Reading zu unterziehen. Er hatte dieses Auto noch nie gesehen, und man hatte ihm auch nichts weiter erzählt. Bill visualisierte also das betreffende Auto und entdeckte eine Verfärbung im Bereich des Getriebes. Es hatte vor kurzem wirklich ein Problem im Bereich der Hinterachse gegeben, das aber schon nach wenigen Tagen behoben werden konnte. Niemand außer dem Inhaber des Fahrzeugs hatte, wie gesagt, von dieser Sache gewußt.

Dann kam Jane an die Reihe, Bill ein Reading zu geben. Sie sah seine Freundin und beschrieb ihr Äußeres. Sie nahm noch eine andere Frau wahr, in der Bill die Schwester seiner Freundin erkannte. Jane konnte die beiden Frauen deutlich sehen und wußte sofort, welche der beiden Bills Freundin war.

Während einer Esoterikmesse kam eine Frau zu mir und bat um ein Reading. Ich brauchte sie nur anzusehen und schon hörte ich Musik und Gesang. Und so war es auch. Sie hatte eine Gesangsausbildung absolviert und wollte wissen, ob das der geeignete Beruf für sie sei. Ich hatte durchaus den Eindruck, daß sie eine gute Sängerin werden würde, riet ihr jedoch, zunächst nur nebenberuflich Engagements anzunehmen und zu warten, bis die richtige Zeit gekommen sei, sich ganz dem Singen zuzuwenden. So geschah es auch, und sie wurde sehr erfolgreich.

Eine andere Frau bat mich um ein Reading für ihren Vater. Sie sagte nicht in welcher Angelegenheit, und gab mir auch sonst keinerlei Hinweise. Ich sah, daß seine Lebenslinie schon bald rapide sinken und wenig später enden würde. Ich sah auch, daß sie ganz gelb war und daß das auf die Einnahme starker Medikamente zurückzuführen war. Ich sagte ihr, was ich gesehen hatte, und sie bestätigte, daß es wenig Hoffnung zu geben schien. Ihr Vater war an Krebs erkrankt, und die Ärzte gaben ihm keine Überlebenschance. Ich sah auch, wie sehr sie selbst unter dieser traurigen Situation litt. Ihre Lebenslinie war gelblich gefärbt und verlief sehr niedrig.

Im Zuge einer anderen Veranstaltung kam eine Frau zu mir, der ich eine gewisse Skepsis, gleichzeitig aber auch eine Portion Neugier anmerkte. Sie sah aus wie eine Frau von Welt, trug kostbaren Schmuck und wirkte nach außen sehr aufgeschlossen und dem Leben zugewandt. Im Reading zeigte sich jedoch, daß sie sich tief in ihrem Inneren recht unglücklich fühlte und ihr bisheriges Leben als sinnlos empfand. Ich sah ein Brautkleid und daß sie beabsichtigte, bald zu heiraten. Sie bestätigte das, gab aber zu, nicht wirklich glücklich zu sein. Es überraschte sie, wie genau ich alles gesehen hatte, vor allem, daß ich in der Lage war, ihr Hochzeitskleid so genau zu beschreiben.

Eine andere Ratsuchende erkundigte sich, wie sich die Geschäfte ihres Gatten in Zukunft entwickeln würden. Während des Readings bemerkte ich, daß ihr in Wirklichkeit ein ganz anderes Thema am Herzen lag. Ich sah eine zweite Lebenslinie, die ganz gelb war, und spürte, daß sie sich große Sorgen um den/die Betreffende machte. Ich konnte sie jedoch beruhigen. Die Gelbfärbung nahm zusehends ab, die Linie wurde sichtbar heller und nahm schließlich wieder ein normales Aussehen an. Ihr fiel ein Stein vom Herzen, als sie diese gute Nachricht hörte, und sie erzählte mir, worum es sich handelte. Ihre Mutter war sehr krank gewesen und war erst vor kurzem aus dem Krankenhaus entlassen worden. Sie hatte sich große Sorgen gemacht, und es freute sie sehr, daß sie wieder ganz gesund werden würde.

Nicht alle Klienten, die zu einem Reading kommen, haben bestimmte Fragen oder konkrete Anliegen. Einige wollen nur ganz allgemeine Auskünfte. So auch eine Frau, die einfach nur wissen wollte, was ich sah. Ich erzählte ihr von ihrem früheren Freund und von der Beziehung, die sie mit ihm geführt hatte. Ich sah auch, daß es einen neuen Mann in ihrem Leben geben würde, den sie in absehbarer Zeit heiraten würde, und hatte das Gefühl, daß die beiden einander schon kannten.

Wenn Sie zu Beginn eines Readings die Hände Ihres Gegenübers nehmen, erhalten Sie, wie Sie wissen, einen ersten Aufschluß über sein/ihr gesundheitliches Befinden. Bei einem Klienten fiel mir sofort auf, daß eine Hand wärmer war als die andere. Im *body scan* zeigte sich ein großes schwarzes Gebiet,

das sich von seiner Herzgegend bis in den Brustbereich er-
streckte. Er hatte vor einiger Zeit einen Herzanfall erlitten und
hatte seither ziemliche Durchblutungsstörungen. Die Zukunft
versprach allerdings eine erhebliche Besserung seines Zustan-
des.

Manche Klienten sind ziemlich überrascht, wenn das eintrifft, was wir ihnen vorhersagen. Ein Mann kam wenige Monate nach seinem ersten Reading zu einem zweiten. Er hatte
sich, wie er zugab, beim ersten Mal nicht vorstellen können,
daß das, was ich vorhersah, wirklich geschehen würde. In der
Zwischenzeit hatte er jedoch jenes kleine Kind kennengelernt,
von dem im ersten Reading die Rede war, und dieses Kind
hatte sein Leben, wie vorausgesagt, in vieler Hinsicht verändert. Jetzt, sagte er, sei er bereit, mehr über seine Zukunft zu
hören.

Es kommt immer wieder vor, daß sich im Herzbild eines
Klienten niemand zeigt, auch wenn der/die Betreffende verheiratet oder, wie im vorliegenden Fall, von vielen Menschen
umgeben ist. Rund um das Herzbild einer Klientin waren viele
Gesichter zu sehen, aber innen blieb, wie gesagt, alles leer. Mir
schien, sie hatte viele Freunde und Verwandte und war vielen
herzlich zugetan. Aber sie schien niemanden zu haben, der ihre
innersten Bedürfnisse befriedigen konnte. Sie erzählte, sie sei
geschieden und fühle sich im Grunde ihres Herzens sehr einsam, obwohl sie von lieben Menschen umgeben war. Ihr fehlte
einfach der Partner. Sie wollte wissen, was ihr die Zukunft
bringen würde, und ich konnte sie beruhigen. – Das, was ich
ihr voraussagte, traf ein, wie sie mir später mitteilte.

In einem Reading, das ich vor kurzem gab, bemerkte ich,
daß die Lebenslinie meiner Klientin im Alter von etwa zehn
Jahren ziemliche Turbulenzen aufwies. Es war etwas vorgefallen, das das junge Mädchen in einen Zustand äußerster
Aufruhr versetzt hatte; und ich spürte, daß dieses Ereignis
verantwortlich war für die Probleme, die sie gegenwärtig hatte.
Ich schilderte ihr meine Eindrücke, und es dauerte eine Zeit, bis

sie sich erinnern konnte, was damals vorgefallen war: Sie war als Mädchen sexuell belästigt worden und hatte gefühlsmäßig Furchtbares durchgemacht und in der Folge unter schweren Schuldgefühlen gelitten. Jetzt, wo ihr dieses Ereignis wieder zu Bewußtsein gekommen war, fühlte sie sich bereit, die Sache aufzuarbeiten, und sie entschloß sich zu einer Therapie. Es gelang ihr, die Schuldgefühle, die sie seither mit sich herumgetragen hatte, aufzulösen und sich aus dem Bann dieses traumatischen Erlebnisses zu befreien. Daraufhin änderte sich einiges in ihrem Leben, und auch die Probleme, wegen der sie mich aufgesucht hatte, verschwanden.

Eines der faszinierendsten Readings, dem ich je beigewohnt habe, wurde in einem meiner Kurse abgehalten. Die beiden Kursteilnehmerinnen, die ich Jane und Mary nennen möchte, hatten einander erst in diesem Kurs kennengelernt. Lassen Sie mich jedoch zunächst die Vorgeschichte erzählen. Jane hatte sich bei einer anderen Gelegenheit unter Hypnose in ein früheres Leben rückführen lassen und dabei folgendes erlebt: Die Szene, die sie schilderte, spielte zur Zeit des amerikanischen Bürgerkrieges. Sie lebte in den Südstaaten in einem wunderschönen Haus im Stil der damaligen Zeit. Sie beschrieb alles ganz genau, auch die Möbel, das Grundstück und viele andere Details. Dann geschah etwas Furchtbares. Desertierende Unionssoldaten brachen in dieses Haus ein. Sie hatte sich hinter einer Türe versteckt, aber die Soldaten fanden sie, und brachten sie um. Sie sah alles lebhaft vor Augen, ja sie durchlebte das ganze Geschehen noch einmal und geriet in einen Zustand ziemlicher Erregung. Als sie sich wieder beruhigt hatte, war es ihr möglich, sich auch an einige faktische Details zu erinnern, an den Namen der Gegend, in der sie damals lebte, an die Namen ihrer Eltern und Verwandten und an den jenes jungen Mannes, mit dem sie verlobt war. Soweit also zur Vorgeschichte.

Jane nahm, wie gesagt, an einem meiner Kurse teil und hatte dort Mary kennengelernt. Eines Abends telefonierten die beiden, als Jane Mary vorschlug, ihr am Telefon ein Reading zu geben. Und so geschah es auch. Was Mary sah, hatte jedoch nichts mit Janes gegenwärtigem Leben zu tun, sondern mit einem vorausgegangenen, mit jenem Leben nämlich, das Jane unter Hypnose gesehen hatte. Mary schilderte dieselbe Szene, die auch Jane gesehen hatte, nur unter einem anderen Blickwinkel. Natürlich sah sie auch Dinge, die Jane nicht hatte sehen können oder die ihr entgangen waren. Alles stimmte überein, die Beschreibung des Mordes und wie man die Tote fand, das Begräbnis, der Bräutigam und seine Reaktion. Mary hatte, um es noch einmal zu betonen, nichts von Janes Rückführung gewußt. Da viele Einzelheiten genannt wurden, die konkrete Hinweise auf den Ort des Geschehens und die betroffene Familie enthielten, entschlossen sich die beiden zu überprüfen, was an der Geschichte »dran« war. Sie fuhren in die Gegend nördlich von Natchez, Mississippi, die sowohl im Reading als auch in der Rückführung genannt worden war, und stießen tatsächlich auf eine Reihe von Namen und Fakten, die das bestätigten, was die beiden Frauen gesehen hatten.

Sie erinnern sich, daß es möglich ist, einem Klienten nahestehende Personen in ein Reading einzubeziehen. Ein Bekannter bat mich eines Tages, auf diese Weise einem seiner Freunde ein Reading zu geben. Die Lebenslinie des Betreffenden sah ganz normal und gesund aus, doch plötzlich begann ein richtiger Funkenregen. Und dann war alles still, und die Linie tauchte nicht wieder auf. Mein Bekannter erzählte, daß sein Freund einen tödlichen Stromschlag erlitten hatte.

Wie Sie wissen, können Sie Readings auch zu Ihrem persönlichen Schutz oder zu Informationszwecken vornehmen. So bat ich Phyllis vor einiger Zeit, den Wagen zu überprüfen, in dem ich mit meinem Sohn einen Ausflug machen wollte. Sie bemerkte, daß eines der Hinterräder nicht ganz in Ordnung zu sein schien. Ich sah mir die Reifen an, konnte aber nichts feststellen, und wir machten uns auf den Weg. Während der Fahrt sagte mein Sohn mit einem Mal, daß wir Probleme mit einem Hinterrad haben würden. Er war damals erst neun Jahre alt, und es machte ihm großen Spaß, sich im Visualisieren zu üben. Ich hielt an und schaute nach, und tatsächlich: im linken Hinterrad fand ich einen Nagel, der sich tief in den Reifen hineingebohrt hatte. Und wir hatten bereits einiges an Luft verloren.

Bei einer anderen Gelegenheit machte mich Phyllis darauf aufmerksam, daß etwas mit dem Motor nicht in Ordnung sei. Wenige Tage später bewahrheitete sich ihre Vorhersage, und ich blieb Meilen von zu Hause stehen.

Auch im folgenden Fall wußte sie im voraus, was geschehen würde. Vor Jahren wurde ich in einen Auffahrunfall verwickelt. Es entstand ziemlicher Sachschaden, aber verletzt wurde zum Glück niemand. Als ich nach Hause kam, erzählte meine Frau, daß sie plötzlich Bilder eines Unfalls vor Augen gehabt habe. Und sie beschrieb den Unfall, in den ich soeben verwickelt worden war, bis ins Detail. Sie hatte mir das nicht am Telefon sagen wollen, weil sie befürchtete, mich dadurch zu beunruhigen und so erst recht einen Unfall heraufzubeschwören. Damals war sie sich noch nicht so sicher, was ihre seherischen Fähigkeiten anbelangte, und zog es vor, diese Dinge eher für sich zu behalten. Aber der Unfall war geschehen, so wie sie es vorhergesehen hatte.

Und hier noch ein Beispiel, daß wir auch rein gefühlsmäßige Warnungen ernst nehmen sollten. Ich war mit Phyllis für ein paar Tage in die Berge gefahren, als sie plötzlich das Gefühl hatte, daß wir umgehend nach Hause zurückfahren müßten. Sie konnte sich nicht erklären, warum, aber sie folgte ihrem Gefühl, und so machten wir uns sofort auf den Rückweg. Als wir ankamen, sahen wir, was inzwischen geschehen war: Im Keller hatte es einen Wasserrohrbruch gegeben, und das Wasser kam uns schon aus der Garage entgegengeflossen. Hätte meine Frau nicht auf ihr Gefühl gehört, wäre alles noch viel schlimmer geworden, als es so schon war.

Ich möchte Sie auch noch einmal daran erinnern, daß Sie

sich zu Ihrem persönlichen Schutz über den Gesundheitszustand eines möglichen Partners informieren sollten, bevor Sie
mit ihm/ihr intim werden. Sie sollten sich wirklich nur dann auf
etwas einlassen, wenn Sie sich ganz sicher sind, daß der/die
Betreffende frei von Infektionen ist, die durch Intimkontakt
übertragen werden. Ein junger Mann z.B. war bei einem
Freund zu Besuch und traf dort eine Frau, die ihm sehr gefiel.
Er visualisierte ihr Körperbild und sah, daß ihr Unterleib von
keinerlei Verfärbungen gezeichnet, sondern ganz klar und hell
war, und konnte sich also sicher sein, daß hier keine Ansteckung drohte. Er freute sich sehr darüber, denn er fand sie
wirklich besonders attraktiv.

Ein Kursteilnehmer, den ich hier Jim nennen möchte, erhielt
von einem anderen Teilnehmer die Vorhersage, daß seine neue
Firma sehr erfolgreich sein würde. Ihre Lebenslinie, so hieß es,
würde sich über einen längeren Zeitraum in einem kontinuierlichen Aufstieg befinden. Zunächst schien sich diese Prognose
nicht zu bewahrheiten. Jim hatte mit einer Reihe von geschäft-
lichen Schwierigkeiten zu kämpfen und war wiederholt nahe
daran aufzugeben. Doch allmählich begann es, aufwärts zu
gehen. Nach ein paar Monaten schien es so, als ob sich die
Vorhersage doch noch erfüllen würde. Jim war zunächst sehr
skeptisch gegenüber allen übersinnlichen Dingen und nahm
eigentlich nur deshalb an einem Kurs teil, weil wir Freunde
waren. Er änderte jedoch seine Meinung, als er sah, wie leicht
es ihm und auch den anderen Teilnehmern schon nach kurzer
Zeit fiel, sehr genaue Readings zu geben. Mittlerweile ist es für
ihn zur Selbstverständlichkeit geworden, Readings in eigener
Sache durchzuführen. Bevor er an unserem Kurs teilnahm, fand
er sich angesichts mangelnder Einkünfte immer wieder vor die
Frage gestellt, seine Firma aufzugeben. Jetzt hat er es aber
geschafft. Er verdient mehr als jemals zuvor und ist sehr zuver-
sichtlich, was seine Zukunft anbelangt.

Menschen, die ihre seherischen Fähigkeiten entfaltet haben
und anzuwenden verstehen, profitieren davon also auch im

Berufsleben. Ein Chiropraktiker, der an einem meiner Kurse teilgenommen hatte, begann, Gesundheitsreadings in seine Arbeit einzubeziehen. Er ist jetzt in der Lage, wie er stolz erzählt, auch jene Gesundheitsstörungen zu sehen, die sich noch nicht in Form von Beschwerden bemerkbar machen und von denen seine Patienten in der Regel nichts ahnen. Und so geht er vor: Er führt einen *body scan* durch und erstellt eine erste Diagnose. Dann überprüft er mit Hilfe medizinischer Diagnoseverfahren, ob das, was er gesehen hat, sich auch mit medizinisch anerkannten Methoden nachweisen läßt. Wenn ihm dieser Nachweis gelingt, unterzieht er seinen Patienten einer entsprechenden Behandlung. Er betont, daß er auf diese Weise viel bessere Heilerfolge erzielt als früher und daß er erst jetzt das Gefühl hat, ein wirklich guter Arzt zu sein.

Auch ein Detektiv, der einen meiner Kurse besuchte, weiß zu berichten, daß sich das, was er hier gelernt hat, sehr positiv auf seinen Beruf auswirkt. Seine Treffsicherheit bei der Auflösung seiner Fälle hat sich, wie er sagt, um 200 Prozent gesteigert. Auch er hat uns anvertraut, wie er vorgeht. Er konzentriert sich auf einen Fall, an dem er gerade arbeitet, und wartet, welche Bilder aufsteigen – so, wie wir das tun, wenn wir die Lebenslinie eines Menschen näher untersuchen. Am Anfang war er sehr erstaunt, daß er die Lösung vieler Fälle einfach »sehen« konnte und daß ihm sogar Bilder der Täter vor Augen erschienen. Inzwischen weiß er, worauf das zurückzuführen ist. – Er hat gelernt, seiner Intuition zu vertrauen, und das hat ihn beruflich erfolgreicher gemacht. Und es hat ihm auch ganz allgemein ein Gefühl größeren Selbstvertrauens vermittelt.

Ein Kursteilnehmer, der seiner Freundin ein Reading gab, bemerkte eine deutliche Rotfärbung in der Mitte ihrer Brust. Seine Freundin fühlte sich zum Zeitpunkt des Readings vollkommen gesund, doch das sollte sich bald ändern. Schon nach wenigen Tagen mußte sie einen Arzt aufsuchen, und der stellte fest, daß sie an einer Bronchitis erkrankt war. Ihr Freund hatte noch verschiedene andere Vorhersagen gemacht, die sich alle bewahrheiteten.

Ein Politiker, dem ein einflußreicher Mann die Beteiligung an einem Geschäft vorgeschlagen hatte, wollte wissen, ob es ratsam sei, diesen Vorschlag anzunehmen. Ich sah augenblicklich das Bild eines Mannes, der mit meinem Klienten sprach, sah aber auch, daß er von einem dunklen Schatten umgeben war; was, wie Sie wissen, auf Unehrlichkeit, krumme Geschäfte oder unlautere Absichten hinweist. Ich riet meinem Klienten also, daß er sich nicht auf dieses Geschäft einlassen sollte. Später erzählte er mir, wie froh er war, meinem Rat gefolgt zu sein, sonst wäre er heute in großen Schwierigkeiten. Es hatte sich nämlich herausgestellt, daß der Mann, der ihm die Beteiligung angeboten hatte, in illegale Geschäfte verwickelt war.

Während einer Fernsehshow wurde ich vor kurzem gebeten, eine Prognose hinsichtlich der Geschäfte eines Zuschauers zu erstellen. Ich sah, daß von seiner Lebenslinie eine Nebenlinie abzweigte, die sich bald zur neuen Hauptlinie entwickeln würde. Ich sagte ihm, daß er gegenwärtig zwei verschiedene Interessen verfolge und daß das zweite bald die Vorrangstellung einnehmen würde. Und so war es auch. Der Betreffende hatte vor nicht allzulanger Zeit eine zweite Firma eröffnet, die sich sehr viel besser zu entwickeln schien als die erste. Auch er hatte den Eindruck, daß es so kommen würde.

Natürlich gibt es auch immer wieder Readings, die danebengehen. Vor einigen Monaten hörte ich eine Talkshow im Radio, in der eine ausgezeichnete Hellsehende zu Gast war und Hörerfragen beantwortete. Sie war erstaunlich gut, was Namen, Daten und andere Fakten anbelangte, nach denen die Anrufer fragten. Doch als ein Hörer wissen wollte, ob es zu einer militärischen Intervention der USA im Irak kommen würde, gab sie eine falsche Prognose. Sie meinte, daß es nicht so weit käme; ein Krieg würde sich verhindern lassen. Ich weiß nicht, wie es zu dieser Aussage kommen konnte, ob sie die Bilder falsch auslegte oder ob sie einfach nicht die richtigen Bilder sah. Eines steht jedoch mit Sicherheit fest: Kein hellsichtiger Mensch ist frei von Fehldeutungen. In der Regel treffen unsere Aussagen zu 80 bis 90 Prozent zu, und gelegentlich können wir auch die 100-Prozent-Marke erreichen. Aber, wie gesagt, Irrtümer sind nicht ausgeschlossen.

Für gewöhnlich gebe ich keine Vorhersagen über nationale oder internationale Ereignisse, aber als es um die Frage ging, ob es im Irak Krieg geben würde oder nicht, wurde ich doch neugierig, welche Bilder sich mir zeigen würden. Ich hatte den Eindruck, daß eine militärische Auseinandersetzung unvermeidlich war, daß dieser Krieg aber bald zu einem Ende kommen würde.

Jeder Hellsichtige hat seine Spezialgebiete, auf denen er/sie normalerweise arbeitet, aber es schadet nichts, von Zeit zu Zeit andere Dinge auszuprobieren. So können wir testen, ob wir auch auf anderen Gebieten gute Arbeit leisten können. Vielleicht entdecken wir dabei ja auch ein neues, interessantes Aufgabengebiet.

Eine meiner Kursteilnehmerinnen gab ihrer Tochter ein Reading. Sie sah eine junge Frau in dem Studentenclub, dem auch ihre Tochter angehörte, und beschrieb sie folgendermaßen: Sie war blond, hatte ein rundes Gesicht und trug zum fraglichen Zeitpunkt ein blaues Trägerkleid und schwarze Schuhe. Ihre Tochter wußte zunächst nicht, um wen es sich handeln sollte. Erst als sie wieder auf dem College war, fiel ihr ein, wer gemeint war. Und sie erinnerte sich, daß die Betreffende so angezogen war, wie ihre Mutter es beschrieben hatte.

So wird es auch Ihnen des öfteren gehen, wenn Sie Readings geben: Sie beschreiben jemanden, den Sie ganz klar vor Augen sehen, und Ihr Klient kann sich beim besten Willen nicht erinnern, diesen Menschen jemals gesehen zu haben. In den meisten Fällen ist es jedoch nur eine Frage der Zeit, bis ihm jene Person einfällt, die Sie beschrieben haben. Sie werden immer wieder Anrufe erhalten, die Ihnen das bestätigen. Oft handelt es sich um einen Menschen, den der Betreffende vor vielen Jahren gekannt und mittlerweile »vergessen« hat. Oder es handelt sich um jemanden, an den er einfach nicht gedacht hat, weil ihn mit demjenigen keine persönliche Beziehung verbindet, etwa um einen Arbeits- oder Vereinskollegen.

Zum Abschluß möchte ich Sie noch einmal an unseren Grundsatz erinnern: Sagen Sie, was Sie sehen, und nur das, was Sie sehen. Versuchen Sie nicht, die Dinge zu beschönigen oder nach eigenem Gutdünken auszulegen. Auch wenn Sie eine bestimmte Erwartungshaltung oder eine vorgefaßte Meinung haben, kommt es leicht zu Fehldeutungen. Bewerten Sie nicht, beschreiben Sie. Seien Sie offen und neutral, und lassen Sie sich nicht verunsichern, wenn Sie das eine oder andere nicht verstehen. Das, was Sie sehen, mag Ihnen zusammenhanglos, widersinnig oder absurd erscheinen – für Ihren Klienten kann es jedoch eine immense Bedeutung haben.

Sensitivität und Zukunftsgestaltung

Einführung

In all den Jahren, in denen ich mit Menschen gearbeitet habe, konnte ich feststellen, daß die Liebe nach wie vor Thema Nummer eins ist. Natürlich interessieren sich meine Klienten auch dafür, wie es um ihre finanzielle Zukunft steht, doch messen sie ihrem Liebes- und Intimleben in der Regel eine höhere Bedeutung zu.

Mit Hilfe der im ersten Teil vorgestellten Techniken sind Sie in der Lage, sich selbst an der Gestaltung Ihrer Zukunft zu beteiligen. Der zweite Teil zeigt, wie Sie mit Hilfe Ihrer sensitiven Fähigkeiten Ihre Wünsche und Vorstellungen verwirklichen können; vor allem, was die Gestaltung Ihrer Partnerbeziehung und Ihres Sexuallebens anbelangt.

Ein Großteil der Scheidungen und Beziehungsschwierigkeiten sind nachweislich auf Probleme im Sexualbereich zurückzuführen. Im folgenden lernen Sie Methoden kennen, solche Dinge vorauszusehen. Viele Unstimmigkeiten und so manches Herzeleid können erspart bleiben, wenn man von vornherein weiß, welche Probleme in einer Beziehung zu erwarten sind.

Ein anderer wesentlicher Punkt ist die Ansteckungsgefahr, der Sie ausgesetzt sind, wenn Sie sich einem neuen Partner zuwenden. Viele Menschen zögern, mögliche Partner davon in Kenntnis zu setzen, daß sie ansteckende Krankheiten haben, wie Herpes, Gonorrhöe oder AIDS. Aber Sie können sich schützen. Wenn Sie die hier beschriebenen Techniken anwenden, werden Sie rechtzeitig gewarnt.

1

Harmonische Beziehungen

Wie können Sie also herausfinden, ob Sie mit einem möglichen Partner harmonieren oder nicht? Sollten Sie den/die Betreffende schon länger kennen, empfiehlt es sich wahrscheinlich, einen Außenstehenden um Rat zu bitten. Wenn Sie jedoch noch keine emotionale Bindung eingegangen sind und glauben, vorurteilsfrei und neutral zu bleiben, können Sie sich selbst an die Arbeit machen.

Stimmen Sie sich zunächst auf Ihren möglichen Partner ein. Konzentrieren Sie sich dann auf seine/ihre Lebenslinie – so lange, bis Sie ein möglichst klares Bild vor Augen haben. Wahrscheinlich sehen Sie unterhalb dieser Linie andere, parallel verlaufende Linien. Bleibt eine dieser Linien beständig neben der Lebenslinie Ihres möglichen Partners, dann können Sie annehmen, daß Ihre Beziehung von Dauer sein wird.

Der nächste Schritt ist, die körperliche Vereinigung zu visualisieren. Hier ist es wieder besonders wichtig – und gar nicht so einfach –, Ihre persönlichen Wünsche und Sehnsüchte herauszuhalten. Gelingt Ihnen das nicht, wird das, was Sie sehen, allein Ihrem Wunschdenken entspringen, aber keinen Eindruck der wirklichen Situation vermitteln. Wenn Sie bemerken, daß Sie nicht neutral bleiben können, sollten Sie sich, wie gesagt, an einen Außenstehenden wenden.

Nehmen wir aber an, Sie sind in der Lage, das Reading selbst durchzuführen. Neben der Lebenslinie Ihres möglichen Partners werden Sie Bilder wahrnehmen, die Auskunft über Ihre sexuelle Beziehung geben. Vielleicht sehen Sie Szenen der körperlichen Vereinigung, vielleicht sehen Sie aber auch Symbole, die Aufschluß darüber geben, inwieweit Ihr Intimleben sich befriedigend gestalten würde, z.B. Herzen verschiedener Größe und Farbe. Solche Herzen können sehr farbkräftig sein und vor Liebe strahlen, sie können aber auch ganz blaß und leblos wirken. Entscheidend ist natürlich, wie Sie die empfangenen Bilder deuten. Farbige, strahlende Herzsymbole zeugen von Harmonie und Nähe. Farb- und leblose Herzen lassen hingegen vermuten, daß die erotische Beziehung nach Abklingen der ersten Verliebtheit ziemlich langweilig zu werden droht. In der Regel kann man davon ausgehen, daß zwei Menschen, deren Herzsymbole ähnlich sind, zueinander passen und eine dauerhafte Beziehung führen werden.

Intimität ist eine recht heikle Angelegenheit. Sie kann leicht zerstört werden, und oft geschieht das völlig unbeabsichtigt. Wenn Sie sehen, daß eine mögliche Beziehung über einen langen Zeitraum stark und pulsierend wirkt, können Sie davon ausgehen, daß sie sexuell lebendig bleibt.

Allerdings müssen Sie auch sich selbst in Betracht ziehen. Sehen Sie sich Ihre Lebenslinie an und beobachten Sie, welche Bilder sich hier einstellen. So können Sie feststellen, ob auch Sie der/die Richtige für Ihren möglichen Partner sind. Sollten Sie spüren, daß dem nicht so ist, wäre es ebenso falsch, sich auf eine Beziehung einzulassen wie im umgekehrten Fall.

Möglicherweise können Sie neben der Lebenslinie Ihres zukünftigen Partners aber auch Bilder Ihrer körperlichen Vereinigung wahrnehmen. Folgen Sie diesen Bildern soweit wie möglich in die Zukunft, und prüfen Sie, ob Ihr körperliches Zusammensein so ist, wie es Ihrem Gefühl nach sein sollte. Vergewissern Sie sich, ob Ihr Partner jene Begeisterung an den Tag legt, die für die Aufrechterhaltung einer dauerhaften Beziehung notwendig ist. Achten Sie aber auch darauf, wie Sie selbst reagieren.

Es kann vorkommen, daß Sie den Liebesakt wie durch einen dunklen Schleier sehen oder daß er ganz in der Dunkelheit verschwindet. Wenn das der Fall ist, ist diese Beziehung zum

Scheitern verurteilt. Ein Kursteilnehmer erzählte mir, er habe
das sexuelle Interesse an seiner Freundin verloren, aber er
wolle die Beziehung trotzdem aufrechterhalten. Ich gab ihm
ein Reading und sah das Bild einer Frau, unter deren Gürtel-
linie alles schwarz war. Ich schloß daraus, daß sein sexuelles
Interesse an ihr gänzlich erloschen war und daß es nicht wieder
zum Leben erwachen würde. So geschah es auch, und die
Beziehung wurde schließlich gelöst.

Eine weitere Möglichkeit zu überprüfen, ob Sie mit einem
Menschen sexuell harmonieren, ist, ein Vergangenheitsreading
vorzunehmen. Wie Sie wissen, können Traumata, seelische
Verletzungen, emotionale Blockaden oder ähnliches das se-
xuelle Ausdrucksvermögen eines Menschen erheblich beein-
trächtigen. Sollten Sie also große emotionale Probleme in der
Vergangenheit Ihres Partners sehen, ist es ratsam, sich die
Zukunftslinie noch einmal anzusehen und zu prüfen, welche
Auswirkungen das Erlebte haben wird.

Wenn Sie sich für eine Frau interessieren, die in der Vergangenheit Opfer einer Vergewaltigung gewesen ist und seither
unter einem Trauma leidet, müssen Sie sich darüber im klaren
sein, daß Ihre Intimbeziehung höchstwahrscheinlich darunter
leiden wird. Je nach Schwere des Traumas wird Ihre Partnerin
sexuell mehr oder weniger stark blockiert sein. Während der
ersten Verliebtheit mag das keine Rolle spielen. Die Probleme
werden sich aber spätestens dann bemerkbar machen, wenn
das anfängliche Feuer nachläßt.

Um solche Dinge festzustellen, müssen Sie die gesamte
Lebenslinie der Betreffenden untersuchen. Bedenken Sie, daß
auch Sie sexuelle Blockaden haben, die durch die Probleme
Ihrer Partnerin wahrscheinlich verstärkt werden. So etwas kann
sich zu einem Teufelskreis entwickeln, denn Ihre Blockaden
können wiederum die Schwierigkeiten Ihrer Partnerin vergrö-
ßern. Betrachten Sie beide Lebenslinien sorgfältig, und Sie
werden spüren, ob eine gemeinsame Zukunft von Harmonie
oder von Konflikten geprägt sein würde.

Wenn die Lebenslinie eines Mannes auf eine übergroße Mutterbindung hinweist, können Sie sicher sein, daß dieser Mann versuchen wird, aus seiner Frau seine Mutter zu machen. Wenn das geschieht, geht die erotische Anziehungskraft verloren. Umgekehrt wird eine Frau, die übermäßig an ihrem Vater hängt, wahrscheinlich einen Vaterersatz suchen, und auch ihr erotisches Interesse ist bald erloschen. All das zeigt sich in der Vergangenheitslinie eines Menschen.

Ein weiterer Faktor, den es zu berücksichtigen gilt, ist das Redeverhalten des Partners. Wenn Sie selbst ein stiller Mensch sind und sich in der Gesellschaft redseliger Personen nicht wohl fühlen, sollten Sie sich einen entsprechend ruhigen Partner suchen. Um Näheres über das Redeverhalten Ihres möglichen Partners herauszufinden, stellen Sie sich vor, daß er an einer Versammlung oder einer Diskussionsrunde teilnimmt, und beobachten Sie sein Verhalten. Achten Sie darauf, wieviel er redet und ob er sich gerne in den Mittelpunkt stellt. Falls Sie den Eindruck haben, es handle sich um einen besonders egozentrischen Menschen, dann lassen Sie besser die Finger davon. Jemand, der andauernd die Aufmerksamkeit seiner Mitmenschen auf sich ziehen will und ständigen Beifall braucht – zur Stärkung seines, im Grunde genommen, schwachen Selbstbewußtseins –, ist meist kein guter Partner. Er/sie verliert oft das Interesse an der Beziehung, sobald sich die ersten ernsteren Schwierigkeiten einstellen. – Und gibt womöglich Ihnen die Schuld.

Nachdem Sie den ersten Teil dieses Buches gelesen haben, werden Sie wissen, welchem Persönlichkeitstyp Sie angehören, ob Sie ein Gefühlsmensch oder ein Kopfmensch sind oder wo sonst auf der angegebenen Skala Sie sich einordnen würden. Wenn Sie die Hand Ihres möglichen Partners halten, können Sie feststellen, welchem Typ er entspricht. Nehmen wir an, er ist ein echter Gefühlsmensch und für Sie zählt in erster Linie der Verstand. Wie würde sich eine solche Beziehung gestalten? Sie würden wahrscheinlich schon nach kurzer Zeit – nach

Abklingen der ersten Verliebtheit – anfangen, unter seinem
ständigen Gefühlsüberschwang zu leiden. Sie hätten den Eindruck, er sei nicht in der Lage, seinen Verstand zu benutzen, er
sei ein »Gefühlsdusel«. Und natürlich wird auch er unter Ihrer
Kopflastigkeit leiden. Zwei Menschen, die derart verschieden
sind, passen einfach nicht zusammen, und Sie tun gut daran,
sich so etwas im voraus zu überlegen.

Das gleiche gilt auch im umgekehrten Fall. Sind Sie sehr
emotional, Ihr Partner jedoch zurückhaltend und ständig darauf
bedacht, sich unter Kontrolle zu halten, wird auch das zu keiner
befriedigenden Beziehung führen. Wahrscheinlich werden Sie
schon bald das Gefühl haben, daß er auch Sie zu kontrollieren
versucht. Weniger Konflikte gibt es, wenn Sie und Ihr Partner
auf ähnliche Art und Weise mit ihren Gefühlen umgehen.

Ein junger Kursteilnehmer bat mich um ein Beziehungsreading, denn er wollte wissen, wie es um die Beziehung zwischen
ihm und seiner Freundin bestellt war. Ich sah eine junge Frau
mit langem, dunkelbraunem Haar, die ihren Blick von ihm
abwandte, und erzählte ihm dies. Er sagte, sie hätten sich
soeben getrennt, und wollte wissen, ob sie wieder zusammenkommen würden. Mein Eindruck war, daß die Trennung end-
gültig war, und das hat sich auch bestätigt.

Eine Frau aus North Carolina wollte wissen, ob die Beziehung zu ihrem Freund von Dauer sei. Ich sah, daß die beiden
sich trennen würden und daß sie innerhalb der nächsten drei
Monate einen anderen Mann kennenlernen und mit ihm eine
feste Beziehung eingehen würde. Ich beschrieb die Haarfarbe,
den Bekleidungsstil und andere Merkmale dieses Mannes. Wenige Wochen nach dem Reading verließ sie ihren Freund. Und
drei Monate später lernte sie einen Engländer kennen, auf den
meine Beschreibung paßte.

Ob Paare gut zusammenpassen, ist nicht immer unmittelbar
ersichtlich. Es kann aber auch auf den ersten Blick klar sein.
Auch hier werden Sie Ihren ganz persönlichen Stil entwickeln:
Es kann sein, daß Sie rein intuitiv spüren, ob zwei Menschen

harmonieren. Manchmal weiß ich die Antwort, noch bevor die Frage gestellt wurde. In anderen Fällen muß ich mich in den seherischen Prozeß vertiefen, und es dauert eine Zeit, bis ich zu einer Antwort komme.

In einer Fernsehshow fragte mich eine junge Frau, wie ich die Beziehung zwischen ihr und ihrem Freund beurteilen würde. Ich sah, daß ihre beiden Lebenslinien in der Vergangenheit nahe beieinander waren, sich dann entfernten, sich schließlich aber wieder annäherten. Ich erzählte ihr das, und sie bestätigte, sie und ihr Freund hätten sich vorübergehend getrennt, seien aber seit kurzem wieder zusammen. Dann wollte sie noch wissen, ob es zu einer Heirat kommen würde. Ich sah, daß die beiden Lebenslinien sich einander näherten und zusammenblieben. Das Ganze dauerte drei Minuten. In anderen Fällen mag die Deutung mehr Zeit in Anspruch nehmen.

Bevor ich auf dem Gebiet der Hypnotherapie zu arbeiten begann, hatte ich folgendes Erlebnis: Ich arbeitete damals für eine erfolgreiche Firma und hatte die besten Karriereaussichten. Aber ich sehnte mich danach, Therapeut zu werden. Eines Tages hörte ich eine Radiosendung, in der ein Hellsehender über seine Arbeit berichtete. Die Radiostation, die die Sendung ausstrahlte, lag zufällig in meiner Nähe, und ich machte mich eiligst auf den Weg, in der Hoffnung, ihn noch anzutreffen. Als ich ankam, war er gerade im Begriff, das Funkhaus zu verlassen. Ich bat ihn, mir eine Frage zu beantworten. Er sagte, er sei in Eile, aber er würde sich die Frage gerne anhören. Ich fragte, ob er mir empfehlen würde, Hypnotherapeut zu werden, und er antwortete: »Ja, das wäre gut für Sie.«

Ein einziger Augenblick kann über die Zukunft entscheiden, egal ob es sich um einen Posten, die Karriere, um Beziehungen, Ehen, Erfolge oder Niederlagen handelt. Sagen Sie Ihren Klienten, was Sie wirklich sehen oder fühlen. Mag es auch wider alle Vernunft erscheinen oder das Gegenteil von dem sein, was Sie sich oder Ihren Klienten wünschen. Mit der Zeit werden Sie sehen, daß es der einzig richtige Weg ist.

Margret, eine ehemalige Kursteilnehmerin, war zu Besuch bei einer Freundin und bemerkte, daß die Lebenslinie des Schwiegersohnes dieser Freundin geradezu zerklüftet wirkte, mit übermäßig vielen Höhen und Tiefen. Sie spürte auch, daß ein Gefühl der Feindseligkeit von dieser Lebenslinie ausging. Margrets Freundin erzählte ihr, daß ihr Schwiegersohn großen Gefühlsschwankungen unterworfen sei, oft von Ärger und Haßgefühlen heimgesucht würde und daß er seine Familie zeitweise ziemlich schlecht behandle. Margret spürte auch, daß die Tochter ihrer Freundin bald wieder schwanger sein und ein Mädchen zur Welt bringen würde. Ehe drei Monate vergangen waren, erfuhren wir, daß Connie, die Tochter von Margrets Freundin, schwanger war. Es wurde tatsächlich ein Mädchen.

Dieses Beispiel zeigt einmal mehr, was wir anhand der Lebenslinie über das Wesen eines Menschen in Erfahrung bringen können. Hätte Connie vorher gewußt, was in dieser Ehe auf sie zukommt, hätte sie sich vielleicht einiges ersparen können. Sie hätte sich vielleicht für einen anderen, reiferen Mann entschieden, der mit ihr und ihrer Familie besser umgegangen wäre. Die Betonung liegt hier allerdings auf »vielleicht«. Viele Verliebte neigen dazu, negative Anzeichen zu übersehen, und ignorieren alle Warnsignale, bis es zu spät ist.

2

Verbessern Sie Ihre Liebesbeziehung

Leben Sie in einer festen Beziehung, der eine Auffrischung der erotischen Komponente guttun würde? Vielleicht ist das gewisse Knistern in Ihrer Beziehung verlorengegangen, oder Sie oder Ihr Partner lassen sich zu viel von äußeren Dingen in Beschlag nehmen, von der Arbeit, von Sorgen, von anderen Menschen. Auch bei Partnern, die zuviel Zeit zusammen verbringen, kann die Erotik leiden.

Das muß aber nicht so sein. Wenn Sie wollen, können Sie selbst Abhilfe schaffen: Wie Sie wissen, ist es möglich, in der Lebenslinie eines Menschen Veränderungen anzubringen. Und das können Sie auch tun, um Ihre Liebesbeziehung aufzufrischen. Eine gute Gelegenheit dazu bietet sich, wenn Sie ein Reading geben. Sie befinden sich dann bereits in der entsprechenden mentalen Haltung, und es wird vielleicht jetzt leichter für Sie sein, in eigener Sache zu arbeiten, als das sonst der Fall wäre. Beginnen Sie also gegen Ende des Readings, nach und nach Ihre eigene Lebenslinie zu visualisieren. Am Ende der Sitzung ist meist genügend Zeit, in einer entspannten, meditativen Atmosphäre zu verharren, und Sie können diese Zeit für sich nützen. Das Reading hat Sie in einen offenen, empfänglichen Zustand versetzt, und wahrscheinlich fällt es Ihnen jetzt auch leichter, Ihren persönlichen Belangen gegenüber eine neutrale Haltung einzunehmen. Versuchen Sie, in der Rolle des außenstehenden Beobachters, die Sie im vorausgegangenen Reading innehatten, zu bleiben.

Wenn Sie Ihre Lebenslinie betrachten, können Sie sehen, was auf Sie zukommt und wie Sie emotional darauf reagieren.

Achten Sie besonders auf jene Stellen, an denen ein Aufblitzen zu beobachten ist, und auf den Verlauf Ihrer Linie, ob sie steigt oder fällt. Versuchen Sie neutral zu bleiben. Sie wissen ja: Je besser es Ihnen gelingt, Ihre Emotionen aus dem Spiel zu lassen, desto genauer werden Sie sehen, was Ihnen die Zukunft bringt.

Als ich vor wenigen Jahren meine Lebenslinie visualisierte, sah ich, daß sie von Lichtwolken umgeben war. Ich spürte, daß das Geld bedeutete und daß die Wolken, die ihr am nächsten waren, für Provisionen stehen mußten, die aus einer früheren Verkaufstätigkeit herrührten. Diese Provisionen wurden mir wenig später ausbezahlt, so, wie ich es vorausgesehen hatte. Damals erkannte ich, daß ich meine eigene Lebenslinie ebenso gut lesen kann wie die meiner Klienten.

Konzentrieren Sie sich jetzt auf Ihren Partner, und lassen Sie seine Lebenslinie neben Ihrer erscheinen. Sie werden Übereinstimmungen und Abweichungen zwischen den beiden Linien feststellen und sehen, in welchen Bereichen sie harmonisch verlaufen und in welchen nicht. Jede dieser Linien hat ihre eigenen Höhen und Tiefen. Wo sich die beiden Linien berühren oder überschneiden, erleben Sie Zeiten der Liebe und der Nähe. Sie werden aber auch Bereiche sehen, die auf Spannungen und Gereiztheit in Ihrer Beziehung hinweisen. (Im Anhang finden Sie hierzu verschiedene Beispiele. Anm. d. Ü.)

Wenn Sie in der Lage sind, Ihre eigene Lebenslinie und die Ihres Partners zu sehen, sind Sie auch fähig, Veränderungen in diesen Linien vorzunehmen. Machen Sie sich das wirklich bewußt. Sie können Ihr Leben und das Ihres Partners positiv beeinflussen. Sehen Sie sich die Linien an, und lassen Sie zu, daß entsprechende Veränderungen eintreten. Ist Ihre Linie im Sinken begriffen, erlauben Sie ihr, einen neuen Aufschwung zu nehmen. Ist sie matt und bedarf einer Aufhellung, lassen Sie es geschehen.

Versuchen Sie nicht, drastische Veränderungen vorzunehmen. Das funktioniert nicht. Fangen Sie mit kleinen Schritten an. Lassen Sie sich Zeit. Wenn Sie merken, daß sich in Ihrem Leben wirklich etwas zu ändern beginnt, können Sie weitergehen. Veränderungen geschehen nur mit Zustimmung unseres Unterbewußtseins. Sie müssen also herausfinden, was Ihr Unterbewußtsein zu unterstützen bereit ist. Erst dann können Sie größere Veränderungen in Angriff nehmen.

Wenn Sie sehen, daß sich in Ihrer Beziehung eine spannungsgeladene Phase ankündigt, können Sie Ihre Linie entsprechend abändern, um den drohenden Konflikt zu umgehen oder zu entschärfen. Verändern Sie z.B. den Verlauf oder die Intensität Ihrer Linie. Man könnte einwenden, daß es nicht gut ist, Konflikten aus dem Weg zu gehen — aber es gibt auch eine Reihe von Konflikten, die vermieden werden können. Wie verhalten Sie sich, wenn Sie merken, daß Ihr Partner schlechter Laune ist? Gehören Sie zu den Menschen, die versuchen, sich nicht von der Übellaunigkeit Ihres Partners anstecken zu lassen? Dann tun Sie genau dasselbe. Sie lassen sich nicht auf eine Auseinandersetzung ein. Der Unterschied besteht lediglich darin, daß Sie solche Dinge schon im voraus wissen und viel genauer sehen können, wie stark der Konflikt ist, mit dem Ihr Partner zu kämpfen haben wird. Freilich können Ihnen auch hier Fehldeutungen unterlaufen. Auch mir passiert das immer wieder. Schon oft habe ich ein Aufblitzen in meiner Lebenslinie falsch interpretiert und so Enttäuschungen erfahren, denen ich leicht hätte ausweichen können.

Wenn Sie sich mit Ihrem Partner besser verstehen, wirkt sich das auch günstig auf Ihr Intimleben aus. Mit zunehmender Harmonie steigt auch die körperliche Anziehung — und sie fällt, je angespannter das Verhältnis zwischen Ihnen und Ihrem Partner ist. In den folgenden Kapiteln werden Sie zusätzliche Anregungen erhalten, wie Sie Ihr Sexualleben befriedigender gestalten können. Grundvoraussetzung für eine gute Beziehung ist jedoch, daß Sie sich mit Ihrem Partner verstehen. Erinnern Sie sich auch an jene Zeit, in der Ihre Beziehung jung war, natürlich und spontan. Das kann wieder so sein.

Sehen Sie beim Betrachten Ihrer Lebenslinie das zuvor erwähnte Aufblitzen, so schenken Sie ihm besondere Aufmerksamkeit. Es kennzeichnet Zeiten besonderer Aufregung, im positiven wie im negativen Sinne. So wird z.B. unterdrückter Ärger angezeigt. Unterdrückter Ärger ist eine der häufigsten Ursachen für das Abklingen des sexuellen Interesses. Wir neigen dazu, solche unangenehmen Gefühle zu verdrängen, und übersehen dabei, wie sehr sie unser Leben beeinflussen. Haben Sie erst gelernt, alte Verletzungen und Unstimmigkeiten aufzuarbeiten, wird sich ganz von selbst jene Natürlichkeit, Offenheit und Spontanität in Ihrer Beziehung wiederherstellen, die sie zu Beginn so wunderschön machte. Und dann wird sich auch Ihre Intimbeziehung neu beleben.

3

Beziehungsschwierigkeiten als Folge sexueller Probleme oder Neigungen

Ich kenne eine hellsichtige Frau, die bei allen Intimreadings ihren Klienten die anatomischen Qualitäten ihrer möglichen Partner beschreibt. Natürlich wird sich niemand darauf beschränken wollen, nur diesen Aspekt zu untersuchen. Aber er kann sehr wichtig sein im Hinblick auf die Frage, ob zwei Menschen zusammenpassen oder nicht. Besonders wichtig erscheint mir auch, im voraus feststellen zu können, ob ein möglicher Partner besondere Auffälligkeiten in seinem Sexualverhalten zeigt, Homosexualität etwa oder irgendwelche außergewöhnlichen Neigungen. Wenn solche Informationen auf seherischem Weg eingeholt werden, hat das auch den Vorteil, daß Ihr möglicher Partner völlig unbehelligt bleibt.

Eine junge Frau, der folgendes Problem zu schaffen machte, kam zu einem Reading: Ein Mann, der sich eine Zeitlang sehr um sie bemüht hatte, schien ihr plötzlich auszuweichen. Die Bilder, die sich während des Readings einstellten, zeigten, daß der Betreffende unter Potenzschwierigkeiten litt und nicht den Mut hatte, darüber zu sprechen, obwohl er sich sehr zu ihr hingezogen fühlte. Meine Klientin war beruhigt, als sie den wahren Grund für sein Verhalten erfuhr. Sie hatte nämlich befürchtet, sie sei ihm nicht attraktiv genug.

Eine andere junge Frau war seit einiger Zeit mit einem Mann zusammen, dessen Verhalten ihr gegenüber ziemlich schwankte. Das Reading zeigte, daß es sich um einen bisexuell veranlagten Menschen handelte. Seine heimliche Sehnsucht nach gleichgeschlechtlicher Liebe stand einer wirklich nahen Verbindung zu einer Frau im Wege.

Keiner der beiden Männer war also in der Lage, über seine Probleme zu sprechen. Die Offenlegung des wahren Sachverhaltes, die auf seherischem Wege möglich wurde, half beiden Frauen, ihre Situation realistisch zu sehen und sich zu überlegen, ob sie an einer Fortführung dieser Beziehungen interessiert waren.

Eine ältere Dame, die zu einem Reading gekommen war, hatte seit der Pensionierung ihres Mannes mit Eheproblemen zu kämpfen. Die Verständigung zwischen den beiden wurde zunehmend schwieriger, und er wurde immer feindseliger. Im Reading stellte sich heraus, daß ihr Ehemann unter Potenzschwierigkeiten litt und das verheimlichen wollte. Infolgedessen verlor er mehr und mehr die Fähigkeit, sich seiner Frau mitzuteilen, und um sich zu schützen, verschanzte er sich hinter Ärger und Ablehnung; natürlich auch hinter der Ablehnung körperlicher Zärtlichkeiten. Seiner Frau schien diese Erklärung einleuchtend. Doch selbst wäre sie nie darauf gekommen, sagte sie.

Ein anderer Fall ist der eines jungen Mannes, der zwei Jahre verheiratet war und bereits in einer massiven Ehekrise steckte. Während der Beratung wurde deutlich, daß seine Frau das sexuelle Interesse an ihm verloren hatte und daß das auf eine lesbische Veranlagung zurückzuführen war. Da er aus einer streng moralischen, sehr religiösen Familie stammte, hatte er nie mit ihr über diese Dinge gesprochen. Dank der Erklärung, die ihm hier gegeben wurde, konnte er seine Situation jetzt klarer und aus einer neuen Perspektive sehen. Das half ihm auch, sich mit zwei wichtigen Aspekten auseinanderzusetzen; nämlich wie er sich in Zukunft seiner Frau gegenüber verhalten wolle und was ihn erwarten würde, sollte er die Beziehung aufrechterhalten.

Ein angesehener Politiker war gekommen, weil er, wie er sagte, mit emotionalen und ehelichen Schwierigkeiten zu kämpfen hatte. Die Bilder, die sich während des Readings einstellten, zeigten sein wirkliches Problem, eine ausgeprägt exhibitionistische Veranlagung. Er war also ein »Flitzer«, wie man das umgangssprachlich zu nennen pflegt, und vieles deutete darauf hin, daß er sich kaum noch zu helfen wußte. Weder seine Frau noch die Politprominenz, mit der er beruflich zu tun hatte, ahnten etwas. Er litt sehr unter seiner Veranlagung und war von Scham erfüllt. Er hielt es nie längere Zeit in einer Position oder an einem Ort aus und lebte ständig in der Angst, entdeckt zu werden. Die Unruhe, die sein ganzes Leben prägte, zeigte sich in einem entsprechend unsteten Verlauf seiner Lebenslinie.

Ein anderer angesehener Mann, der Auskunft über sein zukünftiges Liebesleben haben wollte, hatte folgendes Problem: Immer wieder tauchte das Bild einer älteren Frau auf, zu der er sich leidenschaftlich hingezogen fühlte. Daneben hatte keine andere Platz. Alle seine bisherigen Beziehungen hatten nach kurzer Zeit geendet. Dauerhaft schien einzig seine Bindung zu jener älteren Frau, deren Bild sich sowohl entlang seiner Lebenslinie als auch im ovalen Rahmen zeigte. Zunächst wollte er nicht darüber sprechen, doch dann gab er zu verstehen, daß er sich sexuell sehr von seiner Mutter angezogen fühlte, schon sein ganzes Leben lang, und daß keine andere Frau in ihm jemals ein ähnliches Verlangen ausgelöst habe. Er hatte versucht, seine Neigung zu verbergen, ja komplett zu verdrängen, denn sie löste starke Scham- und Schuldgefühle in ihm aus. – Aber natürlich zeigt sich auch das in einem Reading, was wir geheimhalten oder ungeschehen machen wollen.

Ein anderer Fall ist der einer jungen Frau, die das Gefühl hatte, nicht weiblich genug auszusehen, und darüber sehr unglücklich war. Sie war eine attraktive junge Frau, die allem Anschein nach eine gute Figur besaß. Im Reading zeigte sich jedoch wiederholt das Bild einer äußerst flachbusigen Frau. Als ich sie darauf ansprach, vertraute sie mir ihr eigentliches Problem an: Sie fühlte sich benachteiligt, da die Natur sie nicht mit einem schönen, üppigen Busen ausgestattet hatte. Um diesen körperlichen »Defekt« auszugleichen, hatte sie sich angewöhnt,

einen, bisweilen auch zwei wattierte Büstenhalter zu tragen. Sie
fühlte sich in ihrer Weiblichkeit stark beeinträchtigt und hatte
aus diesem Grund all ihre Beziehungen stets an einem gewissen Punkt abgebrochen. Im Zuge des Readings wurde es
ihr möglich, offen über ihre Minderwertigkeitsgefühle zu sprechen und sogar eine kosmetische Operation in Erwägung zu
ziehen. Sie verließ die Sitzung mit neuer Zuversicht.

Bei einem Mann in den besten Jahren, dessen äußere Erscheinung die eines normalen, angepaßten Bürgers war, zeigte
sich im Reading, daß das Gegenteil der Fall war. Zahlreiche
Bilder voyeuristischen Inhalts tauchten auf. Er gab zu, viele
Jahre seiner voyeuristischen Neigung nachgegeben zu haben.
Während er nach außen hin ein normales Leben geführt hatte,
war er in Wirklichkeit sehr unglücklich gewesen und hatte
unter seiner heimlichen Neigung stark gelitten. Seine Familie
wußte nichts von all dem.

Bei einem jungen Mann, der Auskunft über sein Liebesleben
haben wollte, kamen im Reading Bilder einer jungen, sehr
hübschen Frau, die noch dazu mit einer Art Traumfigur ge-
segnet war. Mein Klient wußte sofort, wer gemeint war, und
wollte wissen, welche Gefühle sie ihm entgegenbringe. Die
beiden hatten sich aus den Augen verloren, und er beabsichtigte, erneut Kontakt mit ihr aufzunehmen. Was ihn bisher
jedoch zurückgehalten hatte, waren seine Zweifel, ob sie sich
überhaupt noch für ihn interessieren würde. – Übrigens versicherte er mir, daß meine Beschreibung ihr Äußeres haargenau
getroffen hatte.

Auch folgenden Fall möchte ich hier noch anführen: Eine
junge Frau, die ebenfalls Auskunft über eine Beziehungsangelegenheit haben wollte, nahm mit meinem Einverständnis
das gesamte Reading auf. Am nächsten Morgen suchte mich
ein junger Mann auf. Auch er bat um ein Reading in Sachen
Beziehung. Ich hatte natürlich keine Ahnung, wer er war. Am
Schluß der Sitzung gab er sich als der Freund jener jungen Frau
zu erkennen, die am Vortag ihr Reading auf Band aufgenom-

men hatte. Seine Freundin hatte ihm die Aufzeichnung vorge-spielt, und er war aus Neugier gekommen, weil er wissen wollte, was ich ihm sagen würde. Er war sichtlich erfreut, daß das Reading, das ich ihm gab, dem seiner Freundin sehr ähnlich war.

Sie werden bisweilen sehr ausführliche Bilder über das In-timleben Ihrer Klienten zu sehen bekommen. Natürlich wer-den Sie auch Dinge sehen, die Sie persönlich nicht für gut heißen. Wichtig ist, auch in solchen Fällen neutral zu bleiben und sich jeder Wertung zu enthalten. Wenn Sie spüren, daß Ihr Klient über die Dinge sprechen möchte, gut. Wenn nicht, ist es ratsam, das Thema zu wechseln und sich anderen Bereichen zuzuwenden.

Wie Sie bereits wissen, ist es Ihnen nicht erlaubt, als Thera-peut zu arbeiten. Natürlich steht es Ihnen frei, im Zuge des Readings beratende Gespräche zu führen, aber »Therapeut« sollten Sie sich, wie gesagt, keinesfalls nennen. Das könnte Sie in Schwierigkeiten bringen und in Konflikt mit dem Gesetz.

Wichtig ist auch die Art und Weise, wie Sie Ihren Klienten das Gesehene mitteilen. Versuchen Sie taktvoll und einfühlsam zu sein und trotzdem präzise, besonders wenn es um heikle Themen geht. Denken Sie etwa daran, wie ein routinierter, patientenfreundlicher Arzt seine Patienten über ihren Gesund-heitszustand informiert. Wann immer Ihr Klient nicht bereit ist, sich mit einem bestimmten Thema auseinanderzusetzen, wen-den Sie sich einem anderen Gebiet zu. Es ist oft der Fall, daß jemand trotz anfänglicher Ablehnung nach einer gewissen Zeit zu verstehen beginnt, worum es geht. Manchmal brauchen wir einfach Zeit, bis wir in der Lage sind, uns mit einem be-stimmten Thema auseinandersetzen zu können.

Ein vollständiges Reading umfaßt, wie Sie wissen, die ver-schiedensten Gebiete. Wenn ein Klient nicht über sein In-timleben sprechen möchte, dann wenden Sie sich jenen The-men zu, mit denen er sich lieber beschäftigt. Sie spüren, welche das sein werden. Nicht immer, wenn Sie bemerken, daß Ihrem

Klienten ein Thema unangenehm ist, möchte er es gleich wechseln. Oft ist er/sie einfach deshalb verunsichert, weil im Reading sehr intime Bilder aufgetaucht sind. So geschah es im Falle einer jungen, verheirateten Frau. Es zeigten sich Bilder einer starken sexuellen Anziehung zwischen ihr und einem anderen Mann. Die Bilder beinhalteten auch Szenen leidenschaftlicher und ausgedehnter Liebesspiele. Meine Klientin wirkte sehr zurückhaltend und nicht so, als ob sie besonders erotisch veranlagt wäre. Sie bestätigte jedoch, daß sie dem anderen in der Tat die beschriebenen Gefühle entgegenbringe. Das war auch der Grund für die große Unentschlossenheit und Frustration, die sie empfand. Sie fühlte sich in einer ausweglosen Situation gefangen. Bis zum Zeitpunkt unseres Readings hatte sie ihre Gefühle für den anderen Mann streng geheimgehalten.

Legen Sie nicht das Schwergewicht auf Intimreadings. Wenn Sie sich zu sehr auf den Bereich Sexualität konzentrieren, könnte Ihnen das schaden. Sie werden dann womöglich als »Sexreader« eingestuft. Freilich dürfen Sie dieses Thema auch nicht ausklammern. Ähnlich wie das bei ärztlicher oder psychologischer Betreuung der Fall ist, werden auch in Ihrer Arbeit immer wieder Probleme aus der Intimsphäre Ihrer Klienten auftreten. Behandeln Sie das, was sich im Verlauf des Readings zeigt. Sie wissen ja, Sie besitzen die Fähigkeit, Ihren Klienten auch in dieser Hinsicht genaue Auskünfte zu erteilen.

Gehen Sie in Ihren Readings sachgerecht und einfühlsam vor, und Ihre Klienten werden die Informationen, die Sie ihnen geben, zu schätzen wissen. Sie werden sich, auch wenn es heikel wird, weder angegriffen noch bloßgestellt fühlen – was allerdings sehr wohl der Fall sein wird, wenn Sie selbst die entsprechenden Bilder mit Widerwillen oder Ablehnung behandeln. Denken Sie daran, Sie haben Einblick in die intimsten und geheimsten Angelegenheiten anderer Menschen. Sicher sind Sie sich auch bewußt, daß alle Readings, die Sie geben, streng vertraulich zu behandeln sind. Lassen Sie sich nicht dazu hinreißen, mit Außenstehenden über persönliche Angelegenheiten Ihrer Klienten zu sprechen. Hier wie auf jedem anderen Gebiet entscheiden vornehmlich Ihre Sachkompentenz und Ihr Feingefühl darüber, ob Sie beruflichen Erfolg haben oder nicht.

4

Wünsche verwirklichen

Sie wissen bereits eine Menge über seherische Fähigkeiten und deren Anwendungsgebiete. Sie haben gesehen, wie hilfreich und nützlich sie sich in verschiedenster Hinsicht erweisen. Das gilt für persönliche Beziehungen ebenso wie für viele andere Lebensbereiche. Sie haben auch schon einige Methoden kennengelernt, wie Sie sich aktiv an der Gestaltung Ihrer Zukunft beteiligen können. Im folgenden möchte ich eine Visualisierungstechnik vorstellen, die Ihnen helfen wird, viele Ihrer Wünsche und Vorstellungen zu verwirklichen. Auf diese Weise können Sie auch Ihren Idealpartner finden und zur Schaffung einer Beziehung beitragen, die Ihre innersten Bedürfnisse befriedigt.

Eine Bekannte, die einen meiner Kurse besucht hatte und über eine ausgeprägte sensitive Begabung verfügte, entdeckte bei einem Eigenreading ein Gewächs in ihrem Unterleib. Sie nahm eine leichte Wölbung an der betreffenden Stelle wahr und stellte fest, daß ihre Gebärmutter nach hinten geneigt war. Sie hatte keinerlei Beschwerden und war auch noch in keiner Untersuchung darauf hingewiesen worden, daß etwas nicht in Ordnung sei. Trotzdem wußte sie, daß sie recht hatte. Einige Monate später stellte ihr Gynäkologe eine Fasergeschwulst an der Außenwand ihrer Gebärmutter fest, genau an der Stelle, die ihr im Reading aufgefallen war. Sie erzählte ihm, sie habe so etwas geahnt, aber er war der Meinung, sie hätte das unmöglich spüren können. Er erwähnte auch den Knick in ihrer Gebärmutter, den sie gesehen hatte.

Eine junge Frau, die zu einem Reading gekommen war,

lernte in meiner Praxis einen Hellsehenden kennen, der sich auf Reinkarnations-Readings spezialisiert hatte. Die junge Frau war sehr neugierig, obwohl sie, wie sie ganz offen zugab, nicht an Reinkarnation glaubte und auch nicht wirklich wußte, was das bedeutet. Als sie sich einem Reading unterzog, wurde ihr ein Leben in einem früheren Jahrhundert beschrieben. Sie war erstaunt, mit welcher Detailliertheit die Beschreibung erfolgte und welche Ereignisse aufgegriffen wurden. All das hatte sie nämlich bereits einige Monate zuvor unter Hypnose gesehen. Sie war allerdings nicht bereit gewesen, dem Glauben zu schenken. Erst als ihr in der Beratung dasselbe gesagt wurde, änderte sie ihre Meinung.

Es war auch die Rede von einem Mann, den sie damals gekannt hatte, und es hieß, er spiele auch in ihrem jetzigen Leben eine Rolle. Ihr wurde geraten, Verbindung mit diesem Mann aufzunehmen, was sie dann auch tat. Übrigens bestätigte er, ebenfalls unter Hypnose, dieser Frau in ihrem damaligen Leben wirklich begegnet zu sein. Die beiden paßten sehr gut zusammen und waren auch in diesem Leben lange Zeit Freunde gewesen. Während der letzten Jahre hatten sie sich jedoch aus den Augen verloren. Die junge Frau erzählte, daß sie immer schon eine besondere Nähe zu diesem Mann empfunden hatte, auch bevor sie von ihrer gemeinsamen Vergangenheit erfuhr. Sie habe stets das Gefühl gehabt, ihn schon ewig zu kennen und mit ihm seelenverwandt zu sein. Er bestätigte, ihr gegenüber genau dasselbe gefühlt zu haben. In ihrem jetzigen Leben waren sie durch verschiedene Umstände daran gehindert worden, ein Paar zu sein. Trotzdem hatten sie jene Nähe gespürt, die sie einst verband. Beide äußerten den Wunsch, die Zukunft gemeinsam zu verbringen. Wir haben leider keine Verbindung mehr, und ich weiß nicht, wie ihre Geschichte weitergegangen ist. Aber ich bin überzeugt, daß sie miteinander glücklich werden, sofern es ihnen gelingt, jene Hürden zu überwinden, die sie bisher trennten.

Sie wissen bereits, daß wir unsere Zukunft ändern können,

wenn wir wollen. Was immer uns in einem Reading vorhergesagt wird, wir bleiben im Besitz unseres freien Willens und
können uns in vielen Fällen aktiv an der Gestaltung unserer
Zukunft beteiligen. Natürlich gibt es auch Fälle, in denen das
Geschehen seinen Lauf nimmt, ohne daß ein Eingreifen möglich wäre, wie z.B. im weiter oben geschilderten Fall eines
AIDS-Kranken: Der Hellsehende konnte seinen Tod weder
aufhalten noch wesentlich hinauszögern. Er konnte ihm jedoch, wie wir hörten, zu ein paar zusätzlichen Lebenstagen
verhelfen, in denen er weniger Beschwerden hatte als zuvor.

Wir können unser Leben und das Leben anderer positiv
beeinflussen – auch wenn unsere Bemühungen nicht immer
von Erfolg gekrönt sein werden. Der Versuch lohnt sich. Wenn
wir uns und anderen auf seherischem Wege helfen können,
dann haben wir unsere Fähigkeiten zum Wohle aller genutzt.
Wie Sie wissen, sind auch die besten Hellsehenden nicht unfehlbar. Aber lassen wir uns davon nicht beirren. Wir sollten
uns nicht auf unsere Mißerfolge konzentrieren, sondern auf
das, was uns gelingt!

Was also können Sie tun, um Ihren Idealpartner zu finden
und Ihre Beziehung wunschgemäß zu gestalten? Bevor wir mit
dem Visualisieren beginnen, müssen Sie sich in einen tiefen
Entspannungszustand versetzen. Idealerweise sollten Sie dabei
den »Alpha-Zustand« erreichen, jene tiefe Versenkung, in der
Sie die Ebene des normalen Wachbewußtseins verlassen. Ihre
Gehirnwellen schwingen dann tatsächlich mit einer anderen
Frequenz. Wenn Ihr Körper tief entspannt ist, wird es Ihnen
leichtfallen, sich voll und ganz auf Ihre Vorstellungen zu konzentrieren und diese in Ihr Unterbewußtsein aufzunehmen.

Sie befinden sich in einem stillen Raum, alleine oder mit
Ihrem Klienten. Sie sitzen bequem, aber aufrecht und haben
optimale Rückenstütze. Ihre Augen sind geschlossen. Wenden
Sie sich jetzt Ihrem Körper zu. Entspannen Sie alle Muskeln im
Kopfbereich: Schädeldecke, Stirn, Wangen, Unterkiefer. Gehen
Sie dann zu Ihrer rechten Schulter und den rechten Arm

hinunter bis zur Hand. Entspannen Sie den linken Arm auf
gleiche Weise. Gehen Sie weiter zum Oberkörper. Atmen Sie
tief ein und aus, und stellen Sie sich vor, daß Sie beim Ausatmen alle Anspannung und alle Sorgen loslassen und beim
Einatmen immer mehr entspannen. Wiederholen Sie das einige
Male, bis Sie die Entspannung im Brustbereich wirklich spüren.
Gehen Sie jetzt zu Ihrem Unterleib, entspannen Sie alle Muskeln. Und dann fest anspannen, so fest es geht, und dann
wieder loslassen. Ahhh! – Erlauben Sie Ihren Muskeln, sich
ganz zu lösen, ganz weich und schlaff zu werden. – Gehen Sie
weiter zum linken Bein. Entspannen Sie die Muskeln in Ihrem
Oberschenkel, im Unterschenkel und im linken Fuß. Lassen Sie
auch hier alles los, alles weich und schlaff werden. Machen Sie
dasselbe mit Ihrem rechten Bein.

Ihr ganzer Körper ist jetzt völlig gelöst und entspannt. Sie
haben sich noch nie so gut gefühlt. Es gibt jetzt nichts mehr,
was Ihnen Sorgen bereiten könnte. Es gibt keine Anspannung
mehr in Ihrem Körper. Sie fühlen sich ganz frei. Sie sind frei.

Nun, da Sie völlig entspannt und gelöst sind, lassen Sie das
Bild Ihres Wunschpartners vor Ihrem geistigen Auge erscheinen; egal, ob Sie ihn/sie kennen oder nicht. Malen Sie sich aus,
wie Sie mit diesem Menschen intim beisammen sind, genau so,
wie Sie sich das wünschen.

Berücksichtigen Sie auch das Drumherum, etwa die Wohnung oder das Haus, in dem Sie gerne leben würden, oder was
immer Ihnen wichtig erscheint. Spüren Sie, wie glücklich Sie
sind, wenn Sie und Ihr Partner Ihren Gefühlen freien Lauf
lassen. Wenn Sie Kinder haben möchten, beziehen Sie sie in
Ihre Vorstellungen mit ein. Visualisieren Sie alles, was Sie gerne
haben möchten: Wohlstand, Gesundheit, Vitalität, Liebe, Zuversicht, Frieden, Wärme, Energie, Optimismus, Hoffnung,
Überfluß, Enthusiasmus, Sicherheit, Bequemlichkeit.

Während Sie Ihre Wunschbilder vor Augen haben, stellen Sie
sich vor, daß ein goldenes Licht der Liebe und des Schutzes mit
dem Einatmen durch Ihre Nasenflügel fließt, Ihre Lunge füllt

und anfängt, in Ihrem Körper zu kreisen. Stellen Sie sich vor, wie dieses goldene Licht durch Ihre Adern fließt und Ihr Blut reinigt. Spüren Sie die reinigende und heilende Wirkung dieses Lichtes. Sie fühlen sich wohl, Sie und Ihr Partner sind eins. Sie werden gemeinsam die guten Zeiten Ihres Lebens genießen und viel Kraft daraus schöpfen. Was immer Sie in Ihrer Vergangenheit Schlechtes erlebt haben, es belastet Sie nicht mehr. Alle Ängste und Sorgen sind verschwunden. Ihr Herz ist heil, Ihr Körper ist heil, Ihr Leben ist heil. Sie leben in einer harmonischen, erfüllenden Beziehung. Sie brauchen nur an die Liebe und an all das Schöne in Ihrem Leben zu denken – diese Gedanken werden Sie immer begleiten und ein besonderes Gefühl der Wärme und Geborgenheit in Ihnen hinterlassen. Vorbei ist aller Schmerz, alle Furcht, jegliche Unannehmlichkeit.

Sie sind stark und gesund. Sie fühlen sich wohl. Sie fühlen sich mit jedem Tag besser, voller Freude und Lebenskraft, voller Hoffnung und Zuversicht. Sie finden Erfüllung, in Ihrer Beziehung und in Ihrem Leben. Ihre Wünsche werden jetzt wahr. Körperlich und seelisch sind Sie eins mit sich selbst. Sie haben Ihr Leben selbst in der Hand. Sie können alles im Leben erreichen, was Sie sich wünschen. Sie sind jetzt frei von allem, was Sie jemals behindert oder beschränkt hat. Sie sind frei. Sie sind voll Zuversicht und voller Gesundheit.

Atmen Sie tief ein. Beim Ausatmen lassen Sie alles an Negativität, Angst und Schmerz los, was noch in Ihnen ist. Alles, was da noch an Verletzung und Enttäuschung ist, weicht jetzt von Ihnen. Sie atmen neue Lebenskraft ein, Wohlergehen, Wärme, Energie, Gesundheit, Freude, Wohlstand, Überfluß. Sie sind von Liebe erfüllt. Sie bewegen sich von nun an sicher durchs Leben. Sie glauben an sich selbst und an die, die Sie lieben. Sie sind geheilt. Sie haben alle Blockaden, Fesseln und Ketten der Vergangenheit hinter sich gelassen. Sie sind stark und erfolgreich, Sie werden geliebt, geachtet und bewundert. Sie fühlen sich körperlich und geistig stark und erwarten in Ihrem Leben nur das Beste. Sie sind erfüllt von liebenden Gedanken.

Zählen Sie jetzt von eins bis fünf, und kommen Sie langsam wieder zurück in Ihr Wachbewußtsein. Sie werden sich an all die wunderbaren Dinge erinnern, die Sie soeben erlebt haben, an all die Liebe, all die Zuversicht. All das verwirklicht sich jetzt in Ihrem Leben. Sie haben erkannt, daß Sie die innere Kraft besitzen, aus Ihrem Leben das zu machen, was Sie gerne möchten. Eins: Sie wachen langsam auf. Zwei: Sie kehren allmählich zurück. Drei: Sie werden wach. Vier: Sie werden immer wacher. Fünf: Jetzt sind Sie hellwach. Hellwach! Atmen Sie tief ein und aus, öffnen Sie Ihre Augen, und erfreuen Sie sich an dem neuen Gefühl der Klarheit und Sicherheit, das jetzt in Ihnen ist.

Im Anschluß an diese Tiefenentspannung befinden Sie sich in einem Zustand, der es Ihnen erlaubt, sich voll und ganz auf die nächste Stufe der Visualisierungstechnik einzulassen. Das, was Sie sich jetzt für Ihre Zukunft vorstellen, hat gute Chancen, sich zu manifestieren.

Malen Sie sich aus, wie Sie mit Ihrem/Ihrer Geliebten zusammen sind, so wie Sie es sich in Ihren kühnsten Träumen vorstellen. Auch die Umgebung entspricht Ihren Wünschen und Bedürfnissen. Je genauer und detaillierter Sie diese Szene sehen, desto besser. Spüren Sie, wie sehr Sie sich zu diesem Menschen hingezogen fühlen, mehr als zu irgend jemand anderem, den Sie bisher geliebt haben. Spüren Sie auch, wie Ihr Geliebter Sie mehr begehrt als irgend jemand zuvor in seinem Leben. Ihre Augen begegnen sich und Ihre Lippen. Ihre Hände bewegen sich frei und ungehemmt über den Körper Ihres Geliebten. Sie küssen sich tief und hingebungsvoll. Sie sind bis ins Innerste berührt.

Sie haben alles losgelassen, was Sie behindern oder einschränken könnte, und überlassen sich dem Spiel der Körper, dem Tanz der Bewegungen. Ihre Lippen liebkosen den wunderbaren Körper Ihres Geliebten und erkunden alle seine Winkel und besonderen Stellen, die Lippen Ihres Partners bewegen sich zärtlich über Ihren Körper.

Stellen Sie sich jetzt vor, wie Ihre Körper zu einer Einheit verschmelzen. Die Zeit steht still. Sie sind vereint in einer zeitlosen, ewigen Umarmung, die köstlicher ist, als alles, was Sie je zuvor erfahren haben. Sie gehen ganz in diesem Moment auf. Sie sind ganz versunken in diesem Gefühl. Die Außenwelt existiert nicht mehr.

Sie leben ab jetzt mit dem wunderbaren Gefühl, daß Sie die Kraft besitzen und die Fähigkeit, in Ihrem Leben jene Beziehung zu verwirklichen, die Sie sich immer gewünscht haben – auch wenn Sie gegenwärtig niemanden kennen, der als Partner in Frage kommt. Aber auch wenn Sie glauben, ihn zu kennen: Er muß nicht unbedingt der Richtige sein! Vielleicht sind Sie Ihrem Traumpartner noch gar nicht begegnet. Es gibt diesen Menschen. Und Sie werden ihn finden. Seien Sie sich dessen gewiß. Sie müssen lediglich die richtige Geisteshaltung einnehmen und ihn in Ihr Leben einladen.

Lassen Sie mich das an einem anderen Beispiel erläutern: Nehmen wir an, Sie wollen ein Haus kaufen. Sie werden sich verschiedene Häuser ansehen und, sobald ein Haus Ihren Preisvorstellungen und Ansprüchen entspricht, wahrscheinlich glauben, dieses und nur dieses sei das einzig richtige. Doch irgendwann werden Sie Ihr Haus finden und mit ziemlicher Sicherheit wird sich herausstellen, daß es Ihnen besser gefällt als alle anderen und daß nur dieses Haus Ihre Wünsche und Bedürfnisse wirklich befriedigt. Dieses Haus hat auf Sie gewartet, aber Sie haben es finden müssen, und das war Ihnen erst möglich, nachdem Sie all die anderen gesehen hatten.

Und so kann es sich auch mit einem zukünftigen Partner verhalten. Wir glauben, daß ein bestimmter Mensch der Richtige ist, er und sonst keiner –, und wir sind wahrscheinlich ziemlich frustriert, wenn es nichts wird. Wir glauben, es sei unsere Schuld, unser Versagen, daß wir mit diesem Menschen keine Beziehung eingehen können. Und dann stellt sich eines Tages heraus, daß es sowieso nicht der richtige Partner gewesen wäre und daß es da jemanden gibt, der viel besser zu uns paßt. Wir wußten das nicht, wir konnten es auch gar nicht wissen, aber für unser Unterbewußtsein war es von vornherein klar. Geben Sie also nicht auf, wenn es auch den Anschein haben mag, Sie hätten Ihren Wunschpartner nicht bekommen.

Ich habe von dem Fall einer jungen Frau gehört, die sich Reading auf Reading geben ließ und schließlich acht oder zehn verschiedene Hellsehende aufgesucht hatte. In jedem dieser Readings wurde Ihr derselbe zukünftige Partner beschrieben. Sie dachte, Sie würde ihn bereits kennen, und war äußerst frustriert, da jeder Versuch, diesem Mann näherzukommen, bisher fehlgeschlagen war. Als man ihr sagte, es handle sich wahrscheinlich um einen anderen, versuchte sie weiterhin, an dem festzuhalten, den sie kannte. Und tatsächlich gab es da wohl eine große Ähnlichkeit.

Nach Monaten der Frustration, der emotionalen Höhen und Tiefen, nach unzähligen Readings traf sie dann wirklich den Mann, der ihr vorhergesagt worden war. Er besaß dieselben positiven Eigenschaften wie ihr Bekannter, nicht aber dessen negative Züge. Dieser Mann befriedigte tatsächlich ihre Wünsche und Vorstellungen weit mehr und paßte viel besser zu ihr als ihr früherer Bekannter. Als sie aufhörte, sich an die Vorstellung zu klammern, daß er der Richtige sei, und ihren unterbewußten Vorstellungen erlaubte, sich zu manifestieren, wurde ihr Wunsch erfüllt. Sie lebt jetzt in einer glücklichen Beziehung und ist davon überzeugt, daß die beste Art und Weise, zur Verwirklichung der persönlichen Wunschvorstellungen beizutragen, die ist, sich zu entspannen.

Wenn Sie die hier beschriebene Entspannungs- und Visualisierungstechnik anwenden und Ihre Wünsche und Ziele ganz klar vor Augen haben, steht deren Verwirklichung nichts mehr im Wege – ob es sich nun um eine Beziehung oder um Erfolg auf irgendeinem anderen Gebiet handelt. Sie brauchen nur mit Ruhe und Zuversicht in die Zukunft blicken.

Eine Frau visualisierte ihr Traumhaus in den Bergen. Sie hielt nach einem geeigneten Grundstück Ausschau, um ihr Vorhaben zu verwirklichen. Sie sah sich verschiedene Bauplätze an und entschied sich schließlich für einen, der das zu versprechen schien, was sie sich wünschte. Am Tag des Vertragsabschlusses erhöhte sich jedoch plötzlich der Verkaufspreis. Das Ganze kam ihr komisch vor, und sie entschloß sich, noch ein paar Tage zu warten. Während sie darüber nachdachte, was zu der Preiserhöhung geführt haben könnte, entdeckte sie ein anderes Gelände, das viele Annehmlichkeiten aufwies und rund um die Uhr bewacht war. Das war der ideale Bauplatz für sie, und er war sogar preiswerter als der erste. Sie entschied sich sofort zum Kauf und errichtete dort ihr Traumhaus.

Oftmals wenn wir versuchen unsere Wunschvorstellungen zu verwirklichen und glauben, das müsse auf eine ganz bestimmte Art und Weise geschehen, werden wir feststellen, daß uns Hindernisse in den Weg gelegt werden. Unser Unterbewußtsein führt jedoch lediglich die Anweisungen aus, die wir ihm gegeben haben. Nur wenn die äußeren Umstände sich mit Ihren wirklichen Wünschen und Zielen decken, wird Ihr Unterbewußtsein Ihnen gestatten, den eingeschlagenen Weg fortzusetzen.

Sie können die hier vorgestellte Technik verwenden, um ein Haus oder ein Auto zu kaufen, um geschäftliche Erfolge zu erzielen oder Ihrem Traumpartner zu begegnen. Was immer Ihnen am Herzen liegt. Die Macht der Vorstellungskraft ist unermeßlich, und sie existiert in jedem von uns. Wir alle verfügen über sensitive Fähigkeiten. Bei den meisten liegen sie jedoch brach oder werden nur in geringem Maße genutzt. Aber Sie können lernen, sie zu nutzen. Wenn Sie erst die entsprechenden Techniken beherrschen, eröffnen sich Ihnen ungeahnte Möglichkeiten.

Was immer Sie für andere visualisieren, hat auch Einfluß auf Ihr Leben. Ein junger Mann wollte einem langjährigen Freund helfen, eine Frau zu finden. Sein Freund, bei dem er damals wohnte, hatte sich entschlossen, sein Leben in feste Bahnen zu lenken, eine Frau fürs Leben zu finden und zu heiraten. Der junge Mann machte sich also daran, die Idealpartnerin für seinen Freund zu visualisieren, und er setzte das über einen längeren Zeitraum fort. Nachdem er sich einen Monat lang damit beschäftigt hatte, traf er selbst die Frau seiner Träume, die er bald darauf heiratete.

Vieles, was Sie für andere visualisieren, wird sich in Ihrem eigenen Leben manifestieren. Lassen Sie also nur gute, positive und wohlwollende Bilder und Gedanken aufsteigen. Wenn Sie anderen Schlechtes wünschen, wird das auch in Ihrem Unterbewußtsein gespeichert als Baustein Ihrer eigenen Zukunft. Es ist also Vorsicht geboten. Werden Sie sich Ihrer wirklichen Ziele und Absichten bewußt, bevor Sie für andere visualisieren.

5

Sensitive Zukunftsgestaltung

Wie Sie sehen, können Menschen, die gelernt haben, ihre
seherischen Fähigkeiten anzuwenden, viel Positives in ihrem
Leben bewirken. Wenn Sie sich z.B. mittels *body scan* über den
Gesundheitszustand eines möglichen Partners informieren, bevor Sie mit ihm intim werden, hat das schon entscheidende
Vorteile. Nehmen wir also an, Sie haben Ihren Wunschpartner
bereits kennengelernt und sich davon überzeugt, daß er frei
von ansteckenden Krankheiten ist. Jetzt sind Sie daran interessiert, ihn für sich zu gewinnen. Wie können Sie dabei Ihre
seherischen Fähigkeiten nutzen?

Wie Sie sich erinnern, sind Sie in der Lage, an Ihrer eigenen
Lebenslinie oder der eines anderen Menschen Veränderungen
vorzunehmen und so an der Gestaltung Ihrer bzw. seiner
Zukunft mitzuwirken. Visualisieren Sie also die Lebenslinie
Ihres möglichen Partners, und nehmen Sie die gewünschten
Veränderungen vor, vielleicht einen deutlicheren Aufschwung
seiner Lebenslinie, eine Aufhellung, Stärkung oder Glättung,
falls ihr Verlauf allzu turbulent erscheinen sollte. Sehen Sie Ihr
Bild über seiner Zukunftslinie und in seinem Herzbild an der
Wand. Stellen Sie sich vor, wie er Sie anschaut mit einem Blick
voller Liebe und Wertschätzung und wie auch Sie ihn voller
Liebe und Bewunderung ansehen.

Wenn Sie das alles vor Augen sehen, befinden Sie sich in
einer mentalen Haltung, die sich sehr positiv auf die Verwirklichung Ihrer Wünsche auswirkt. Malen Sie sich nun aus, wie Sie
mit dem/der Geliebten beisammen sind, zärtlich, verliebt und
voller Romantik. Sie können die Szene genau so gestalten, wie

Sie sich das immer gewünscht haben. Ihrer Phantasie sind keine Grenzen gesetzt. Visualisieren Sie, was immer Sie mit diesem Menschen erleben möchten: die Hochzeit, Ihr zukünftiges Heim, Kinder, romantische Spaziergänge. Lassen Sie diese Bilder neben Ihrer eigenen Lebenslinie und der Ihres Geliebten erscheinen. Stellen Sie sich vor, wie Ihre Lebenslinien harmonisch verlaufen und wie Sie Hand in Hand durch Ihre gemeinsame Zukunft gehen. Haben diese Bilder und Vorstellungen sich erst einmal in Ihrem Unterbewußtsein eingenistet, sind Sie der Verwirklichung Ihrer Ziele bereits ein gutes Stück nähergerückt.

Falls es gegenwärtig in Ihrem Leben niemanden gibt, mit dem Sie gerne eine enge Beziehung eingehen würden, können Sie ein Bild Ihres Wunschpartners entwerfen und es neben Ihre Zukunftslinie setzen. Stellen Sie sich vor, wie Sie gemeinsam mit diesem Menschen wichtige Anlässe in Ihrer Zukunft erleben.

Es ist nicht unbedingt ratsam, Ihrem Wunschpartner zu erzählen, daß Sie versuchen, mittels seherischer Fähigkeiten auf ihn einzuwirken. Das könnte ihn sogar veranlassen, sich zurückzuziehen, besonders wenn es sich um jemanden handelt, der/die mit diesen Dingen nicht vertraut ist, solche Kräfte fürchtet oder ablehnt. – Und ist es nicht wirklich so, daß wir uns nur richtig verlieben, wenn wir das Gefühl haben, daß es aus freien Stücken, ohne jeglichen Zwang oder allzu offensichtliche Überredungsversuche geschieht? Offenheit, Ehrlichkeit und liebevolle Zuwendung sind da wohl besser geeignet, einen Menschen zu beeindrucken.

Das heißt jedoch nicht, daß Sie Ihre sensitiven Fähigkeiten hier nicht einsetzen sollten. Es ist völlig legitim, sich auf diesem Weg zusätzliche Informationen zu beschaffen oder zu versuchen, eine Situation entsprechend der eigenen Wünsche und Vorstellungen zu gestalten. In vielen Fällen wird sich gar nicht entscheiden lassen, ob eine Beziehung aufgrund seherischer Einflußnahme oder persönlicher Qualitäten zustandegekommen ist. Und eigentlich ist das ja auch egal, denn das Resultat ist dasselbe.

Jeder von uns hat schon in ähnlicher Weise von Dingen oder einer bestimmten Person geträumt, meist jedoch ohne zu erwarten, daß dieser Traum sich jemals verwirklichen würde. Und haben wir nicht alle schon erlebt, daß ein solcher Traum eines Tages in Erfüllung gegangen ist – auch wenn es Jahre später war? Das ist ein Beispiel für Zukunftsgestaltung durch inneres Sehen, die in diesen Fällen freilich unbewußt erfolgt.

Um bewußt an der Gestaltung unserer Zukunft mitzuwirken, müssen wir das, was wir möchten, ganz klar vor Augen sehen und uns dann überlegen, wie wir unser Ziel erreichen können. Im Falle von Beziehungen können wir, wie gesagt, unseren Wunschpartner neben unserer Lebenslinie oder in unserem Herzbild visualisieren, ob wir diese Person nun kennen oder nicht. Wenn wir unsere Lebensumstände verbessern wollen, können wir uns vorstellen, daß unsere Lebenslinie von grünem Licht umgeben wird; was einer Verbesserung unserer finanziellen Situation oder einer Steigerung unseres Wohlbefindens entspricht. Sollten Sie an der Entfaltung Ihrer Spiritualität arbeiten, können Sie spirituelle Kräfte, geistige Führer, Engel oder Wächter entlang Ihrer Lebenslinie visualisieren.

Fassen wir zusammen, worauf Sie achten müssen, wenn Sie die Lebenslinie Ihres Wunschpartners visualisieren: Wenn Sie feststellen, daß sie von Dunkelheit oder Schwarz umgeben ist, dann ist Vorsicht geboten. Sehen Sie Gelb, so deutet das z.B. auf Krankheit oder Drogenmißbrauch hin. Rot kann unter Umständen eine tödliche Erkrankung anzeigen, etwa AIDS oder Krebs. Eine Lebenslinie, die stark fällt und keinen Aufschwung mehr nimmt, zeigt den bevorstehenden Tod des/der Betreffenden an. In allen diesen Fällen können Sie versuchen zu helfen, indem Sie seine/ihre Lebenslinie positiv beeinflussen. Sie sollten jedoch solche Hinweise ernst nehmen und als Aufforderung dazu auffassen, diesen Menschen nicht länger als geeigneten Partner anzusehen.

Mit Hilfe der vorgestellten Techniken sensitiver Zukunftsgestaltung können wir tatsächlich in unser Leben eingreifen und einen Teil unserer Träume wahr werden lassen. –Bedeutet das, daß gläubige Menschen diese Techniken nicht anwenden sollten? Ich glaube: nein! Solange Sie sie zum Wohle anderer oder Ihrer eigenen Person einsetzen, sehe ich da keinen Widerspruch. Religiosität ist freilich kein notwendiges Kriterium dafür, als hellsichtiger Mensch gute, positive Arbeit zu leisten. Wie in der normalen Bevölkerung trifft man auch hier Menschen aller Glaubensrichtungen.

Es mag Menschen geben, die Ihre seherischen Fähigkeiten einsetzen, um anderen zu schaden. – Wenn man sie jedoch dazu verwendet, lang ersehnte und lohnende Ziele zu erreichen, kann das meines Erachtens nur positive Auswirkungen haben. Je deutlicher Ihnen wird, in welchem Maße Sie durch Ihre Gedanken, Vorstellungen und Wünsche Ihr Leben und das anderer Menschen beeinflussen können, desto stärker werden Sie sich der Bedrohung bewußt, die darin potentiell enthalten ist. Doch jeder, der diese Zusammenhänge erkannt hat, wird sich um so intensiver bemühen, seine sensitiven Fähigkeiten zu seinem eigenen Wohl und zum Wohl seiner Mitmenschen einzusetzen.

Fahren wir in unserer Zusammenfassung fort: Wir haben gesehen, daß sich in der Lebenslinie eines Menschen auch Anzeichen für dessen spirituelle Entwicklung finden, etwa in Form von Lichtpunkten oberhalb der Vergangenheits- oder der Zukunftslinie. Wir haben auch festgestellt, daß wir die Dinge, die wir wahrnehmen, nicht immer sehen können. Denken Sie z.B. an den *body scan.* Manche Gesundheitsstörungen, die Sie spüren können, wenn Sie auf Ihr Gefühl achten, zeigen sich noch nicht im Gesundheitsreading, weil sie sich noch nicht auf der physischen Ebene manifestiert haben. Wenn Sie eine Beratung geben, sollten Sie dem Ratsuchenden, wie Sie wissen, alles sagen, was Sie gesehen haben – solange es sich nicht um etwas so Erschütterndes handelt, daß es ihr Gegenüber in einen Schockzustand versetzen würde, wie etwa die Nachricht über seinen bevorstehenden Tod.

Wenn Sie in eigener Sache arbeiten, ist es jedoch nicht unbedingt ratsam, dem anderen davon zu erzählen; vor allem dann nicht, wenn es sich um einen möglichen Partner handelt, den Sie umwerben. Es gibt Dinge, die wir niemandem anvertrauen, nicht einmal denen, die uns nahestehen. Warum sollten wir also unserem Wunschpartner etwas sagen, wofür er/sie möglicherweise kein Verständnis aufbringt. Sie wissen, das könnte auch eine gegenteilige Wirkung haben und Ihren Schwarm dazu veranlassen, sich Ihrem Einfluß zu entziehen. Unsere sensitiven Fähigkeiten können uns und anderen unschätzbare Dienste erweisen – wenn wir gelernt haben, sie richtig anzuwenden.

Auch Hellsehende vergessen bisweilen, daß sie die Fähigkeit besitzen, an der Gestaltung Ihrer Zukunft mitzuwirken. So erging es z.B. einer Bekannten, die längere Zeit ohne Partner gelebt und sich in ihrem Singledasein nie wohl gefühlt hatte. Sie sagte, sie sitze zwischen den Stühlen, was Männer anbelangt. Sie war eine eher stille, zurückhaltende junge Frau, die wenig Gelegenheit hatte, Männer kennenzulernen, und das Flirten anderen überließ. Sie war der Ansicht, daß sie auch in ihrem Beruf, der viele Überstunden, aber nur wenig Kontakt zu Menschen beinhaltete, nie einen geeigneten Partner kennenlernen würde. Trotzdem machte sie sich eines Tages daran, neben ihrer Lebenslinie das Bild eines Mannes zu visualisieren, der all dem entsprach, was sie sich wünschte. Sie malte sich alles ganz genau aus: wie sie einander kennenlernen, wie er sich sofort zu ihr hingezogen fühlt und wie sie nach und nach seine Gefühle erwidert. Sie stellte sich auch vor, daß ein Gefühl der Seelenverwandtschaft sie verbinden würde. Sie ging immer weiter ins Detail und visualisierte alle Eigenschaften, die sie sich an ihrem Partner wünschte – und die sie in ihren zwei bisherigen Ehen noch nicht gefunden hatte. Sie sah auch eine wunderbare Hochzeit vor sich, ihr Traumhaus, in das sie wenig später einziehen würden, und dessen Lage, eine für sie ideale Gegend.

Einige Zeit verging, in der sich nicht viel in ihrem Leben änderte, außer daß sie jetzt aktiver wurde und sich öfter »unter Leute« begab. Doch ein paar Monate später rief sie mich an und erzählte, sie habe tatsächlich den Mann ihrer Träume kennengelernt, und sie seien gerade dabei, Vorbereitungen für die Hochzeit zu treffen. Sie hatten übrigens auch ein wunderschönes Haus gekauft, in das sie wenig später einzogen. Alles war so, wie sie es sich ausgemalt hatte.

Einige werden sich jetzt fragen, ob es sich hier wirklich um eine Manifestation dessen handelte, was diese Frau visualisiert hat, oder ob es nicht vielmehr die bevorstehenden Ereignisse waren, die ihre Schatten, oder besser gesagt, ihr Licht vorausgeworfen hatten. Skeptiker würden wahrscheinlich behaupten, alles sei reiner Zufall gewesen. Niemand wird mit Sicherheit sagen können, was die wirkliche Ursache war. Vielleicht war es die Tatsache, daß sie aufgrund ihrer neu erworbenen mentalen Haltung öfter ausging und offener und empfänglicher war als sonst. Vielleicht war ihr dieser Mann einfach vorherbestimmt, und es war nur eine Frage der Zeit, bis sie ihn kennenlernte.

Wie dem auch sei, es hat einfach geklappt. Und da die sensitiven Fähigkeiten meiner Bekannten sehr ausgeprägt sind, scheint es mir durchaus möglich, daß sie ihre Wünsche allein mittels ihrer Vorstellungskraft verwirklicht hat. Sie selbst sagte, sie habe nie zuvor etwas Ähnliches versucht. Sie hätte nicht für möglich gehalten, daß es funktionieren würde. Heute ist sie freilich überzeugt: Alles, was wir uns vorstellen können, kann Wirklichkeit werden.

Erwähnenswert scheint mir auch folgendes Detail. Kurz nachdem sie angefangen hatte zu visualisieren, ließ sie sich von mehreren Hellsehenden Readings geben. Alle – ohne Ausnahme – beschrieben ihr jenes Szenario, das auch sie sich ausgemalt hatte, und behaupteten, es würde sich bald in ihrem Leben verwirklichen.

Ein weiterer Fall, der klar vor Augen führt, wie sehr unsere persönlichen Beziehungen von unseren Vorstellungen geprägt werden, ist der einer jungen Frau, die sich in einer Ausbildung zur Hypnotherapeutin befand. Sie erzählte, sie habe eine ausgeprägte bildliche Vorstellungskraft, und eine Zeitlang habe sie folgende Beziehungsgeschichte ständig vor Augen gehabt: Sie lernt einen Mann kennen, der sie nach einer Weile verläßt, um zu einer anderen zu ziehen. Doch schließlich kehrt er zu ihr zurück. Sie machte sich zunächst keine Gedanken über diese Geschichte, die sich wie ein Film wieder und wieder vor ihrem geistigen Auge abspielte, doch eines Tages wurde ihr bewußt, daß ihr Leben genau so verlief. Sie entschloß sich, ihre Vorstellungen zu ändern und ihren Wünschen und Bedürfnissen entsprechend zu gestalten. Die Auswirkungen dieser neuen Haltung machten sich bald bemerkbar.

Gegenwärtig lebt sie in einer dauerhaften, befriedigenden Beziehung und mit einem Partner, der sich für sie und nicht für andere Frauen interessiert. Sie war erstaunt, als sie erkannte, daß sie ihre Probleme selbst erschaffen hatte. Aber jetzt weiß sie, wie sehr sie selbst an der Gestaltung ihrer Zukunft beteiligt ist. Und sie weiß auch, daß sie nicht nur ihre eigenen Probleme, sondern auch deren Lösungen erschaffen kann.

6

Nutzen Sie Ihre Träume

In Träumen, so sagt man, erfolgt eine Aufarbeitung der Tages-ereignisse. Das, was wir tagsüber erleben, enthält bestimmte Stimuli, die unser Unterbewußtsein aufnimmt, chiffriert und nachts in Form von Traumbildern erscheinen läßt. Dabei handelt es sich z.B. um unbefriedigte körperliche oder sexuelle Bedürfnisse, um körperliche und seelische Spannungen oder starke Emotionen.

Jeder Mensch träumt, aber viele können sich nicht daran erinnern oder nur an Ausschnitte, die ebenfalls schnell vergessen sind, sofern man sie nicht aufschreibt. Wenn Sie wollen, können Sie jedoch lernen, Ihr Traumleben aktiv zu gestalten. Versetzen Sie sich in einen entspannten Zustand, und wiederholen Sie mehrmals: »Heute nacht träume ich von ...«, was immer Sie möchten. »Es wird ... sein.« Machen Sie nähere Angaben, wie der Traum sein soll, z.B. aufregend oder beruhigend. »Wenn ich aufwache, werde ich mich an alles ganz genau erinnern.« Wiederholen Sie das mehrere Male, während Sie langsam in den Schlaf sinken. Mit zunehmender Übung wird es Ihnen immer besser gelingen, Ihre Träume zu beeinflussen und sich ihrer zu erinnern.

Wenn Sie das über einen längeren Zeitraum praktizieren, wird Ihr Traumleben immer lebendiger. Je genauer Sie sagen, wovon Sie träumen möchten, desto klarer werden Ihre Träume sein: Sex, Erfolg, Geld, Abenteuer – Sie können träumen, wovon Sie möchten. Ihr Unterbewußtsein wird darauf reagieren und die entsprechenden Bilder hervorbringen. Ihre Träume werden immer deutlicher und ausführlicher. Sobald Sie sich besser erinnern können, sollten Sie anfangen, Notizen zu machen. Sie werden sehen, daß Ihnen das hilft, immer klarer und zusammenhängender zu träumen. Das erfordert natürlich Übung und Geduld, aber es ist der Mühe wert.

Das sogenannte »Klarträumen« ist für die westliche Welt etwas relativ Neues. Klarträumen bedeutet, sich während des Traumes bewußt zu werden, daß man träumt, und in das Traumgeschehen einzugreifen. Sie können Ihre Träume in jede beliebige Richtung lenken, einschließlich psychedelischer Erfahrungen oder der Begegnung mit übersinnlichen Phänomenen.

Klarträumen wird auch zu therapeutischen Zwecken eingesetzt. Die Klienten lernen auf diesem Weg, sich mit ihren Problemen auf unterbewußter Ebene auseinanderzusetzen; sie lernen, Probleme zu lösen, unter denen sie gelitten haben, oder einfach Freude am Spiel mit der Vorstellungskraft zu entwickeln. Klarträumen ist sehr lebendig und vermittelt den Eindruck, alles würde wirklich geschehen.

Folgende Technik wird Ihnen helfen, Ihre Träume zu steuern und ganz bewußt zu erleben: Wie Sie weiter oben gesehen haben, können Sie sich in einen Zustand der Entspannung versetzen, in dem Ihr Körper völlig gelöst und Ihre Aufmerksamkeit ganz auf eine bestimmte Absicht gerichtet ist. Stellen Sie sich Ihre Hände vor, dicht vor Ihrem Gesicht, und wie sie sich dann langsam entfernen. Ihre Arme öffnen sich zu einer Willkommensgeste, so, als ob sie einladen wollten, ihnen in das Traumgeschehen zu folgen.

Während Sie das tun, lassen Sie eine beliebige Szene vor Ihrem geistigen Auge entstehen, und stellen Sie sich vor, wie Sie selbst diese Szene betreten. Machen Sie das so lange, bis Sie spüren, daß Sie ein Teil dieser Szene geworden sind. Visualisieren Sie dann ein bestimmtes Geschehen, und sehen Sie sich als eine der handelnden Personen. Nehmen Sie unmittelbar am Geschehen teil, und bleiben Sie dabei, solange es Spaß macht. Wenn Sie möchten, können Sie sich anschließend eine neue

Szene ausmalen. Einer meiner Kursteilnehmer traf auf diese Weise Mickey Mouse, Donald Duck und viele andere. Er bestieg sogar Mickeys Zeichentrick-Auto und unternahm mit ihr einen Ausflug. Leider war ihm das Ganze ziemlich peinlich, da er glaubte, solche Träume zeugten von einem kindlichen, zurückgebliebenen Bewußtseinszustand.

Klarträumen ist, wenn man es richtig gelernt hat, ein wirksames Mittel, Ziele zu erreichen und Wünsche zu verwirklichen. Es dauert etwa drei Wochen, bis Sie sich willentlich in den für das Klarträumen erforderlichen Zustand versetzen können. Haben Sie es erst gelernt, können Sie jede gewünschte Erfahrung in Ihren Träumen lebendig werden lassen. Dann können Sie ernsthaft damit beginnen, Ihre Träume zu gestalten.

Sehen Sie sich selbst im Traum, sehen Sie, wie Sie sich auf den Weg in die Zukunft machen, wie Sie bestimmte Stationen erreichen — und sehen Sie dort verwirklicht, was immer Sie sich wünschen. Auf ähnliche Weise können Sie, wie Sie wissen, auch entlang Ihrer Lebenslinie bestimmte Personen und Ereignisse visualisieren. Ein wesentlicher Vorteil besteht jedoch darin, daß Sie während des Klarträumens das Gefühl haben, alles tatsächlich zu erleben. In diesen Träumen geschieht wirklich alles live. Wenn Sie jetzt Ihre Lebenslinie visualisieren und bestimmten Menschen und Ereignissen begegnen, dann können Sie sie wirklich berühren, fühlen und erfahren.

Leider ist dieser Zustand nur von kurzer Dauer. Vielleicht hält er nur wenige Sekunden an, meistens jedoch nicht länger als ein paar Minuten. Manche können ihn weiter ausdehnen, aber das erfordert einiges an Übung.

Astralreisen sind ein Phänomen, das viele gerne erleben würden, aber nur wenige von uns selbst erfahren haben. Wenn Sie auf Astralreise gehen, verläßt Ihr Selbst Ihren physischen Körper und bewegt sich frei durch Zeit und Raum. Sollten Sie jemals in diesen Zustand gelangen, werden Sie erleben, wie Sie durch Türen und Wände gehen, ohne ein Hindernis zu spüren.

Sie sehen, hören und erleben die Dinge ähnlich, wie Sie das mit Ihren fünf Sinnen tun, aber Sie sind frei von allen Beschränkungen, die uns im physischen Körper auferlegt sind. Sie können – wahrscheinlich zum erstenmal in Ihrem Leben – wirklich alles tun, was Sie wollen, fliegen z.B. oder blitzschnell entlegene Orte aufsuchen, um Freunde und geliebte Menschen zu besuchen, die jedoch in der Regel Ihre Anwesenheit nicht wahrnehmen.

Ich selbst habe so etwas nur einmal und nur ansatzweise erlebt. Ich konnte oder wollte meinen Körper nur teilweise verlassen. Ich wachte mitten in der Nacht auf, mit einem lauten Summen im Kopf. Wenig später begriff ich, daß ein Teil meiner selbst meinen Körper verlassen hatte und ein helles Licht aussandte, das den Raum, in dem ich mich befand, erhellte. Ich konnte alles im Zimmer wahrnehmen, obwohl es mitten in der Nacht und eigentlich völlig dunkel war. Ich wußte, was mit mir geschah, und wünschte mir sehr, auf eine Reise zu gehen – hatte aber gleichzeitig Angst davor. Leider begann sich der Prozeß dann langsam umzukehren, und ich ging wieder in meinen Körper, wobei auch das Summen verstummte.

Wenn Sie selbst versuchen wollen, Astralreisen zu unternehmen, hat sich folgende Technik bewährt: Legen Sie sich flach auf den Rücken, und entspannen Sie sich. Schließen Sie die Augen, und visualisieren Sie einen Körper, der dicht oberhalb Ihres physischen Körpers schwebt und mit diesem durch eine weiße Schnur im Stirnbereich verbunden ist. Konzentrieren Sie sich auf den Körper über Ihnen, und stellen Sie sich vor, wie Sie allmählich in diesen Körper aufsteigen. Wenn sich dieser Prozeß vollzogen hat, werden Sie merken, daß Ihr Bewußtsein sich von Ihrem physischen Körper gelöst hat.

Sobald Sie in der Lage sind, Ihren Körper zu verlassen, können Sie auf die Reise gehen – wohin Sie wollen. Sie werden dabei außerkörperliche und ziemlich außergewöhnliche Erfahrungen machen. Sie werden wahrscheinlich auch anderen Wesen begegnen, die sich auf der astralen Ebene bewegen, und vielleicht sogar mit Ihnen Kontakt aufnehmen. Es soll sogar hier und da zu intimen Begegnungen kommen. Ich habe Berichte über sexuelle Erfahrungen Astralreisender gelesen, und sie besagen, daß die Erfüllung und die Einheit, die sie mit ihrem Partner erleben durften, weit über das hinausgeht, was sie auf der physischen Ebene jemals empfunden haben. Ich habe nur darüber gelesen und hatte noch keine Gelegenheit, mit jemandem zu sprechen, der/die diese Erfahrung selbst gemacht hat. Ich finde es aber trotzdem erwähnenswert, denn vielleicht möchten Sie ja selbst einmal ausprobieren, ob Sie die eine oder andere Erfahrung in diesem Bereich machen können.

7

Erkennen und Abwenden
drohender Gefahr

Wir alle kennen sie, die Zeitungsberichte über sexuellen Miß-
brauch von Kindern, Jugendlichen und Frauen, die Berichte
über sexuelle Belästigung, Vergewaltigung und Sexualmord.
Und oft sind die Täter Personen, denen man so etwas eigentlich nicht zutrauen würde: Babysitter, Jugendleiter, Geistliche,
ja häufig sogar Verwandte, Bekannte oder der eigene Vater.
Können wir unsere Lieben vor solchen traumatischen Erfahrungen schützen?

Nehmen wir an, Sie haben eine Tochter, die eine Universität
besucht und alleine in einer Großstadt lebt. Dann können Sie
folgendes tun: Führen Sie ein Zukunftsreading durch, und
achten Sie besonders auf negative Anzeichen. Machen Sie sich
bereit, der Wahrheit ins Auge zu sehen, was immer sich in der
Zukunft Ihrer Tochter zeigen mag. Nehmen Sie Negativität
und Bedrohung entlang Ihrer Lebenslinie wahr? Gibt es Unter-
brechungen oder sonstige auffällige Hinweise? Wenn Ihnen
etwas verdächtig erscheint, konzentrieren Sie sich auf die betreffende Stelle, und Sie werden Bilder sehen, die die Störung
der Lebenslinie erklären. Oft handelt es sich nur um Kleinig-
keiten, eine schlechte Note oder eine Auseinandersetzung mit
dem Freund. Wenn Gewalt im Spiel ist, zeigt sich das in der
Regel durch ein Aufblitzen oder eine Rotfärbung der Linie,
vielleicht hören Sie sogar Schreie.

Natürlich ist es für Eltern nicht leicht, sich mit diesem
Thema zu beschäftigen, und wahrscheinlich ist es in den mei-
sten Fällen besser, sich an einen Außenstehenden zu wenden.
Wenn Sie jedoch davon überzeugt sind, daß Sie neutral bleiben

können und die Kraft besitzen, auch angesichts eines möglichen Unglücks entsprechende Eingriffe in die Lebenslinie Ihres
Kindes vornehmen zu können, um so besser.

Sollten Sie also drohende Gefahr im Leben eines geliebten
Menschen voraussehen, können Sie folgendes tun: Entfernen
Sie die betreffenden Bilder, und nehmen Sie eine Korrektur der
Lebenslinie vor. Visualisieren Sie, wie die Linie auch an jenen
Stellen, die gegenwärtig schwach oder bedroht wirken, ein
klares und kraftvolles Aussehen erhält. Stellen Sie sich vor, daß
diese Lebenslinie von einer unsichtbaren Schutzschicht umgeben ist und daß keine Macht der Welt ihr etwas anhaben kann.
Führen Sie sich noch einmal die Person, den Ort oder die Sache
vor Augen, von der die Bedrohung ausging, und sehen Sie sie
in weite Ferne gerückt und außerstande, dem geliebten Menschen jemals etwas zuleide zu tun.

Wenn der Betreffende Ihre Bemühungen unterstützt und
sich ebenfalls vorstellt, wie seine Lebenslinie von einer Schutzschicht umgeben wird, ist das eine zusätzliche Hilfe. Aber auch
wenn das nicht der Fall ist, sollten wir unser Bestes geben, den
anderen vor drohendem Unheil zu bewahren. Die Erfahrung
zeigt, daß auch Kinder verstehen, worum es geht, sofern man
ganz offen mit ihnen spricht, sagt, was man gesehen hat, und
sie um Mithilfe bittet. Wenn Sie z.B. voraussehen, daß am
folgenden Donnerstag Gefahr droht, sollten Sie den Tag anders
gestalten als geplant. Im Zweifelsfall ist es besser, ganz auf Ihr
Vorhaben zu verzichten, als etwas zu riskieren. Freilich ist das
nicht immer möglich. Vielleicht genügt es auch schon, daß Ihr
Kind gewarnt ist und mit erhöhter Vorsicht durch den Tag
geht. Wenn es spürt, welche Situationen unfallträchtig sind,
kann es drohender Gefahr ausweichen.

Können Sie also wirklich unvorhergesehene Ereignisse ab-
wenden oder umgehen, indem Sie sich anders verhalten, als Sie
das normalerweise tun? Die Antwort heißt: ja. Wenn Sie in der
Lage sind, drohende Gefahren vorherzusehen, werden Sie
wahrscheinlich auch genug gesunden Menschenverstand be-

sitzen, jene Orte und Situationen zu meiden, die diese Gefahren in sich bergen. Genauso verhält es sich, wenn Sie jemandem begegnen, von dessen Nähe Sie sich bedroht fühlen.
Sollten Sie diesen Menschen trotz Unbehagen nicht meiden
und dabei unangenehme Erfahrungen machen, sind Sie eigentlich selbst schuld.

Nehmen wir an, Sie haben einen Babysitter bestellt, weil Sie
ausgehen wollen. Wenn Sie ihn nicht kennen, nicht wissen, ob
Sie ihm vertrauen können, oder einfach »nur« ein komisches
Gefühl haben, sollten Sie sich Zeit nehmen und den Ablauf des
Abends visualisieren. Sehen Sie Ihre Kinder mit dem Babysitter,
und achten Sie darauf, ob Sie irgend etwas sehen, hören oder
fühlen, was Sie davon abhalten könnte, sie mit diesem Menschen alleine zu lassen. Wenn das, was Sie sehen, in Ihnen ein
Gefühl von Ruhe und Sicherheit hinterläßt, können Sie unbesorgt fortgehen und sich einen schönen Abend machen. Falls
Sie jedoch ein Unbehagen spüren oder negative Anzeichen
sehen, sollten Sie sich um einen anderen Babysitter bemühen
oder notfalls ganz auf das geplante Vorhaben verzichten.

Das gilt auch für Verabredungen. Wenn Sie sich mit jemandem treffen, den Sie kaum kennen, und feststellen, daß Sie
sich in der Nähe dieses Menschen unwohl oder bedroht fühlen, sollten Sie dieses Gefühl ernst nehmen und entsprechend
handeln. Was Sie spüren, mag auf die verschiedensten Ursachen zurückzuführen sein: auf unterdrückten Ärger, ver-
drängte Emotionen, auf abnormale sexuelle Begierden oder
was auch immer. Sie haben die Gabe, solche Dinge aufzuspüren. Nutzen Sie sie auch!

Hellsichtige Menschen werden immer wieder von den Ju-
stizbehörden engagiert, um bei der Aufdeckung von Kriminal-
fällen zu helfen. Besser wäre es freilich, wenn wir gefragt
würden, wie man bestimmte Verbrechen verhindern kann.
Hätte Abraham Lincoln die Stimmen ernst genommen, die ihn
vor dem geplanten Besuch im Ford-Theater warnten, hätte die
Geschichte wahrscheinlich einen anderen Verlauf genommen.

Auch John F. Kennedy wäre vielleicht nicht ermordet worden, hätte er auf diejenigen gehört, die ihm davon abrieten, nach Dallas zu fahren.

Es gibt viele Menschen, die ihr Leben allein dem Umstand verdanken, daß sie im entscheidenden Moment auf ihr Gefühl hörten. Sie leben noch, weil sie sich im letzten Moment entschlossen, einen bestimmten Flug nicht anzutreten; weil sie, ohne ersichtlichen Grund, ihre Reiseroute änderten; weil sie sich weigerten, einen bestimmten Aufzug zu benutzen, sich zum vereinbarten Zeitpunkt operieren zu lassen oder weil sie einen Vortrag kurzfristig absagten. Wären diese Menschen ihren ursprünglichen Vorhaben treu geblieben, hätten sie mit dem Leben bezahlt.

Hören Sie auf Ihre innere Stimme. Die hier beschriebenen Techniken werden Ihnen dabei helfen. Wenn Sie gelernt haben, Ihrer Intuition zu vertrauen, kommt das auch Ihren Klienten zugute. Ihre Beratungen werden genauer und einfach besser. In einem Beziehungsreading wird es Ihnen dann leichtfallen, Näheres über den Menschen in Erfahrung zu bringen, der Ihrem Klienten am Herzen liegt; vor allem natürlich, ob es sich um den geeigneten Partner handelt. Mit etwas Übung werden Sie genau erkennen, ob zwei Menschen zueinander passen. Und Sie werden sehen, ob es ihnen möglich ist, eine harmonische, liebevolle und befriedigende Beziehung zu führen, oder ob es Anzeichen für Disharmonie, emotionale Konflikte oder andere schwerwiegende Probleme gibt.

Auch bei Homosexuellen können Sie feststellen, wie groß die gegenseitige Zuneigung ist und ob es sich um eine befriedigende und dauerhafte Verbindung handelt. Werfen Sie stets einen Blick auf die Vergangenheit des Ratsuchenden und auf seine persönlichen Eigenarten – denn zum Gelingen einer Beziehung gehören schließlich zwei.

Egal, ob Ihr Klient homo- oder heterosexuell, männlich oder weiblich ist, wenn es um das Anknüpfen einer neuen Beziehung geht, wird – spätestens seitdem AIDS und andere durch

intimen Kontakt übertragbare Krankheiten auf dem Vormarsch
sind – die Frage nach einer möglichen Ansteckungsgefahr
immer vordringlicher. Wir haben dieses Thema bereits behandelt, und vielleicht möchten Sie sich Kapitel 3 des ersten Teils
(Seite 27 ff.) noch einmal durchlesen. An zweiter Stelle steht in
der Regel die Frage, ob der gewünschte Partner an einer Beziehung interessiert ist. Daneben wird Ihr Klient natürlich auch
noch viele andere Fragen haben, die Sie im Anschluß an diese
beiden Punkte behandeln können.

Zu wissen, ob es für Sie gefahrlos ist, mit einem neuen
Partner intim zu werden, kann Sie vor mancher bösen Überraschung schützen. So erging es auch einer Bekannten: Sie war
seit kurzem geschieden und hatte gerade wieder begonnen
auszugehen. Eines Abends war sie mit einem jungen Mann
verabredet, den sie Jahre kannte, mit dem sie sich jedoch noch
nie privat getroffen hatte.

Es war ein netter Abend und schließlich begleitete sie ihn
nach Hause. Da sie einander schon lange kannten und sich sehr
zueinander hingezogen fühlten, ging alles sehr rasch, und bald
waren sie nahe daran, miteinander zu schlafen. Er hatte ihr
beiläufig erzählt, daß er vor einiger Zeit eine Geschlechtskrankheit gehabt hatte, daß er jetzt aber wieder vollkommen gesund
sei. Unsere Bekannte hatte keinen Grund, an seiner Ehrlichkeit
zu zweifeln, doch gleichzeitig spürte sie, daß irgend etwas nicht
in Ordnung war. Eine Zeitlang war sie hin- und hergerissen.
Auch als sie feststellten, daß weder er noch sie ein Kondom bei
der Hand hatten, war sie versucht, ihren Gefühlen freien Lauf
zu lassen. Es schien wirklich alles sehr vielversprechend. Da sah
sie plötzlich einen dunklen Schatten über seiner rechten Schulter und spürte, daß diesem Mann etwas Negatives, für sie
Bedrohliches anhaftete.

Sie faßte das sofort als Warnung auf, nicht mit ihm intim zu
werden, und verließ bald darauf seine Wohnung. Sie sah ihn
Jahre nicht, bis sie sich eines Tages in Gesellschaft gemeinsamer Bekannter zufällig begegneten. Im Verlauf des Ge-

spräch's deutete er an, er sei froh darüber, daß sie damals nicht miteinander geschlafen hatten. Er hatte nämlich, wie sich später herausstellte, kurz vorher einen Rückfall erlitten, und es dauerte ganze zwei Jahre, bis er wieder ganz gesund war. Sie hätte sich an jenem Abend höchstwahrscheinlich angesteckt. Sie freute sich, daß er den Mut und die Ehrlichkeit besaß, es ihr anzuvertrauen. Mehr noch freute sie sich allerdings über die Tatsache, daß ihr Gefühl sie vor einer unangenehmen Krankheit bewahrt hatte.

8

Zusammenfassung

Im ersten Teil dieses Buches haben Sie die grundlegenden Techniken des Readings kennengelernt und deren Anwendung in den verschiedensten Themenbereichen. Im zweiten Teil haben wir uns einem weiteren wichtigen Aspekt zugewandt, der sensitiven Zukunftsgestaltung. Am Beispiel von Liebes- und Intimbeziehungen wurde dargestellt, wie Sie mit Hilfe Ihrer Vorstellungskraft Ihr Leben verändern und Ihre Zukunft aktiv gestalten können.

Lassen Sie uns im folgenden noch einmal die wesentlichen Punkte zusammenfassen: Zu Beginn des Readings nehmen Sie über die Hand Verbindung mit Ihrem Klienten auf und erhalten so bereits wesentliche Aufschlüsse über seinen Persönlichkeitstyp. Ist er/sie ein Kopf- oder ein Gefühlsmensch? Fällt es ihm/ihr leicht, aus sich herauszugehen, oder handelt es sich um einen zurückhaltenden, vorsichtigen Menschen? Das ist auch im Hinblick auf die Frage nach dem geeigneten Partner wichtig, denn auf emotionalem Gebiet müssen zwei Menschen harmonieren, das ist Voraussetzung für eine tragfähige Beziehung.

Wenden Sie sich als nächstes der Gesundheit Ihres Gegenübers zu. Mit Hilfe eines *body scan* erhalten Sie Hinweise über Art und Stärke einer möglichen Erkrankung. Gelbe Zonen verweisen auf chronische Erkrankungen, auf erhöhten Tablettenkonsum, Drogenmißbrauch oder extreme Müdigkeit. Schwarz zeigt abgeklungene, vergangene und Rot akute ansteckende, möglicherweise auch lebensbedrohliche Krankheiten an. Daneben gibt es auch verschiedene Zwischentöne,

Braun oder Pink etwa, die auf Krankheiten verminderter Intensität hinweisen. Farben zeigen sich auch neben oder auf der Lebenslinie Ihres Klienten. Auch hier deutet Rot auf eine ernste Erkrankung hin, egal ob es neben der Lebenslinie oder in deren Hintergrund zu sehen ist.

So im Fall eines jungen Mannes, dessen Freundin für ihn ein Reading vornehmen ließ. – Sie erinnern sich, daß es möglich ist, nahe Freunde und Verwandte in ein Reading mit einzubeziehen. – Die junge Frau wollte nicht glauben, daß ihr Freund in nächster Zeit ernsthaft erkranken sollte. Allem Anschein nach war er gesund und vital. Sie erzählte ihm jedenfalls nichts von dieser Vorhersage und hoffte, daß sie sich als falsch erweisen würde. Etwa einen Monat später befand sich der junge Mann auf einem Jagdausflug und hatte einen schweren Unfall, bei dem er eine Menge Blut verlor. Monatelang mußte er sich einer medikamentösen Behandlung unterziehen. Ein chirurgischer Eingriff, der ebenfalls monatelange Nachwirkungen nach sich gezogen hätte, konnte damals nicht ausgeschlossen werden.

Die Freundin dieses Mannes verstand erst angesichts seines Unfalls die volle Bedeutung, die der Farbe Rot zukommt. Sie hatte an einem unserer Kurse teilgenommen, war aber noch in keinem ihrer Readings einer Lebenslinie mit rotem Hintergrund begegnet. Man muß dieses Anzeichen auf jeden Fall ernst nehmen. Das zeigte sich auch bei jenem jungen Mann, der an AIDS erkrankt und dem Tode nahe war. Vielleicht erinnern Sie sich.

Hier noch ein Beispiel: Einer Frau, deren Lebenslinie von Rot umgeben war, wurde dazu geraten, sich einer Untersuchung zu unterziehen. Sie hielt das nicht für notwendig, da sie sich in keiner Weise krank fühlte. Nach nicht allzulanger Zeit wurde sie jedoch von einer seltsamen, schwächenden Krankheit befallen, die sie für eineinhalb Jahre ans Bett fesselte. Die Ärzte wußten keinen Rat. Keiner der durchgeführten Tests wies irgendeine Besonderheit auf, aber sie war nicht in der

Lage, das Bett länger als eine Stunde täglich zu verlassen. Sie hatte das Gefühl, sich ständig am Rande eines völligen Zusammenbruchs zu bewegen. So sehr sie auch aufstehen wollte, ihr Körper verweigerte ihr einfach den Dienst. Es schien auch kein Medikament zu geben, das ihr helfen konnte, außer einem leichten Beruhigungsmittel.

Diese junge Frau begann schließlich mit bewundernswerter Konsequenz an sich zu arbeiten. Sie beschäftigte sich mit Meditation, Hypnotherapie und Gebet. Sie lernte, ihren Lebensstil ihren wirklichen Bedürfnissen anzupassen. Sie lernte, sich ihre Arbeit besser einzuteilen, zu ruhen, wenn sie ermüdete, und generell mehr zu schlafen. Sie begann, unnötigen Streß abzubauen, sich sportlich zu betätigen und ihre Freizeit und ihr Leben so angenehm wie möglich zu gestalten, statt wie früher nur ihren beruflichen und familiären Verpflichtungen nachzugehen. Ihre Gesundheit ist jetzt wieder hergestellt. Im Reading zeigt sich keine Rotfärbung mehr und auch die pinkfarbene Schattierung ist mittlerweile verschwunden.

Alle Farben, die in Verbindung mit der Lebenslinie auftreten, sind von Bedeutung. Wie wir gesehen haben, verweist Schwarz auf Unangenehmes oder Bedrohliches, möglicherweise auch auf dunkle Absichten oder Geschäfte. Ihr Klient muß nicht unbedingt selbst »der Böse« sein, wahrscheinlich ist er jedoch umgeben von Menschen mit negativer Ausstrahlung oder in krumme Geschäfte oder sonstige schlechte Vorhaben verwickelt. Wenn sich neben seiner Zukunftslinie Schwarz zeigt, gibt es dort Begebenheiten oder Geschäfte, die er besser meiden sollte. Es könnte sich auch um gesetzeswidrige Aktivitäten oder fragwürdige finanzielle Transaktionen handeln. Es ist auf jeden Fall ratsam, sich angesichts solcher Anzeichen in acht zu nehmen.

Wenn Sie sehen, daß Ihr Klient oder eine Person, mit der er beruflich oder privat zu tun hat, von Negativität umgeben ist, sollten Sie das möglichst vorsichtig und eher indirekt zum Ausdruck bringen. Wenn Sie solche Dinge direkt ansprechen, wird sich Ihr Klient vor den Kopf gestoßen fühlen, ob sie wahr sind oder nicht. Es erfordert einiges Fingerspitzengefühl, so heikle Sachverhalte auf möglichst schonende Weise anzusprechen. Fragen Sie den Ratsuchenden z.b., ob er in nächster Zeit beabsichtigt, irgendwelche Geschäfte abzuschließen und ob dabei Menschen im Spiel sind, denen er nicht traut oder die er nicht kennt. Ist das nicht der Fall, so können Sie ziemlich sicher sein, daß Ihr Klient selbst Urheber zwielichtiger Machenschaften ist. Und er wird wissen, wovon die Rede ist, auch wenn er sich nichts anmerken läßt.

Gelb deutet, wie gesagt, auf Erschöpfung, Drogenmißbrauch, Einnahme starker Medikamente oder auf eine Kombination aus all dem hin, besonders wenn die Lebenslinie ganz oder zu einem Großteil gelb ist. Bei einem TV-Reading, das ich für eine Frau mittleren Alters gab, kam mir die Lebenslinie eines ihr nahestehenden Menschen vor Augen. Sie war auffallend gelb. Ich spürte, daß meine Klientin sich um die Betreffende ernstliche Sorgen machte. Es handelte sich um ihre Mutter, die gerade aus dem Krankenhaus entlassen worden war und eine schwere Krankheit mit starker medikamentöser Behandlung hinter sich hatte. Sie war noch sehr erschöpft und äußerst ruhebedürftig.

Menschen mit stark wellenförmiger Lebenslinie sind in der Regel besonderen Gefühls-, Aktivitäts- oder anderen Schwankungen unterworfen. Menschen, deren Linie sehr flach verläuft, leben dementsprechend eintönig, ohne nennenswerte Höhen und Tiefen. Es mangelt ihnen an Lebensenergie und Tatendrang. Es gibt auch Menschen, bei denen sich Zeiten geringerer Aktivität mit turbulenteren Phasen abwechseln. Ihre Lebenslinie weist dementsprechend eine Kombination der beschriebenen Merkmale auf.

Eine stärkere bzw. längere Abwärtsbewegung innerhalb der Lebenslinie verweist auf Depression oder großen seelischen Schmerz. Emotionale Tiefs zeigen sich durch ein plötzliches Abfallen und Wiederansteigen der Lebenslinie. Bei eben verlaufenden Linien kann ein solches Tief auch wie ein Schlagloch aussehen. Ein Freund, der Angst hatte, seinen Job zu verlieren, rief mich an, und kurz nach unserem Telefonat kam mir seine Lebenslinie vor Augen. In unmittelbarer Zukunft zeigte sich eine steile Abwärtsbewegung und dann ein langsamer, doch stetiger Anstieg. Und wirklich, ein paar Tage später erfuhr ich, daß ihm kurz nach unserem Gespräch gekündigt worden war. Er verfügte über keinerlei Ersparnisse und wußte nicht, wie es weitergehen sollte. Er fühlte sich völlig am Boden zerstört. Es dauerte einige Monate, bis er eine neue Arbeit gefunden hatte und sich langsam aus seinem Tief hochzuarbeiten begann. Als ich ihm später erzählte, was ich vorausgesehen hatte, war er über die Genauigkeit meiner Prognose sehr erstaunt.

Bei einer Bekannten, die sich von einer Kursteilnehmerin ein Reading geben ließ, zeigte sich das Bild einer großen grünen Wiese. Darauf war eine Kuh zu sehen, die damit beschäftigt war, alles abzugrasen. Meine Bekannte bestätigte, sie habe Probleme, ihr Geld zusammenzuhalten. Sie fand das Bild der Kuh, die alles verschlingt, sehr passend, es entsprach genau dem, was sie fühlte. – Grün bedeutet, wie Sie sich erinnern, Geld. Es kann auch für eine neue Stelle stehen oder generell als Anzeichen für Wachstum und gutes Gelingen. Es ist leicht einzusehen, warum Grün diese positive Symbolik zugeschrieben wird.

Im Reading eines jungen Mannes zeigten sich Stufen, die mit grünem, hochgewachsenem Gras bedeckt waren. Die erste Stufe war von normaler Höhe, die zweite ziemlich hoch, die dritte wieder niedriger. In meinen Augen besagte dieses Bild, daß er nach und nach in den Besitz einer größeren Summe Geldes gelangen würde; wobei die einzelnen Beträge je nach Höhe der Stufen variieren würden. Und genau so geschah es auch. Der junge Mann hatte eine Firma, und eines Tages rief er mich an und erzählte, wie gut seine Geschäfte sich entwickelt hatten. Der Umsatz sei zunächst deutlich, dann sogar sprunghaft gestiegen. Gegenwärtig habe sich das Wachstum auf ein gesundes Maß eingependelt. Sie sehen, wie gut das Bild von den Stufen mit ihren unterschiedlichen Höhen geeignet war, die Entwicklung seiner Firma darzustellen.

Weiße oder goldene Strahlen entlang der Lebenslinie weisen auf eine Beschäftigung mit spirituellen oder religiösen Inhalten hin oder generell auf ein Erwachen des spirituellen Bewußtseins. Je nachdem, wo sie auftreten, handelt es sich um ein vergangenes, gegenwärtiges oder zukünftiges Interesse. Strahlen, die sich über die ganze Lebenslinie hinziehen, findet man bei Menschen, deren Spiritualität stark ausgeprägt ist. Wiederholt werden Sie weißen Lichtpunkten neben einer Lebenslinie begegnen. Auch dies ist ein Zeichen für Spiritualität. Ich interpretiere solche Punkte auch als Engel oder geistige Führer. Es gibt Menschen, bei denen sich keine Lichtpunkte zeigen, zumindest nicht in den Readings, die ich ihnen gab. Bei anderen wiederum sah ich drei bis fünf dieser Punkte. Neben weiß können sie auch rot oder blau sein.

Wenn Sie sehen, daß Ihr Klient sich für spirituelle bzw. religiöse Themen interessiert, sollten Sie ihn darauf ansprechen — sofern das nicht Ihren eigenen Überzeugungen zuwiderläuft. Eine Beschäftigung mit solchen Dingen kann unserem Leben einen zusätzlichen Sinn geben. Wir Menschen sind jedoch verschieden, und jeder hat seine eigenen Auffassungen, gerade was diese Themen anbelangt.

Wenn Sie möchten, können Sie auch einen Blick auf die Aura Ihres Klienten werfen. Sie finden sie in der Umgebung seines Körpers. Richten Sie Ihren Blick jedoch nicht direkt auf Ihr Gegenüber, sondern lassen Sie ihn an ihm vorbei- oder durch ihn hindurchgehen. Auch hier werden Sie die verschiedenen Farben sehen können: Weiß, Blau, Grün, Gelb, Schwarz, Braun und andere. Wahrscheinlich werden Sie eher ahnen, aus welchen Farben sich die Aura Ihres Klienten zusammensetzt, als daß Sie diese wirklich sehen. Jeder Mensch hat seine eigenen Farben. Bei verschiedenen Personen werden Sie sehr unterschiedlichen Farbschattierungen begegnen. Daher gibt es auch kein fixes Deutungsschema.

Es kommt vor, daß in einer Aura ein gewisses Ungleichgewicht festzustellen ist. So auch bei einer Frau, der ich einmal ein Reading gab. Ihre Aura war auf der einen Seite stärker ausgeprägt als auf der anderen. Ihr Leben schien aus der Balance geraten zu sein. Vielleicht war es ihr nicht möglich, Familie und Beruf unter einen Hut zu bringen. Jedenfalls zeigte sich in ihrer Aura, daß sie etwas Wesentliches in ihrem Leben vernachlässigt hatte, das dringend entsprechender Beachtung bedurfte.

Folgendes Beispiel zeigt noch einmal die Bedeutung der Farben, die im Zusammenhang mit der Lebenslinie eines Menschen auftreten.

In der Linie eines jungen Mannes war in der Vergangenheit ein schwarzer Abschnitt zu sehen. Ich machte ihn vorsichtig darauf aufmerksam und fragte, ob er früher einmal in irgendwelche unangenehmen Angelegenheiten verwickelt gewesen sei oder mit unangenehmen Leuten zu tun gehabt habe. Er erzählte, er sei drogenabhängig gewesen und habe viele Süchtige gekannt, auch einige Dealer. Er habe ziemlich unter seiner Situation gelitten und bisweilen das Gefühl gehabt, seine Seele zu veräußern. Er war schon seit Jahren »clean«, aber seine Lebenslinie zeigte noch Spuren der einstigen Sucht.

Sollten Sie Schwarz oder dunkle Schatten im Zusammenhang mit einer Person sehen, mit der Sie ins Geschäft kommen oder ein gemeinsames Vorhaben starten wollen, lassen Sie die Finger davon. Nehmen Sie Abstand von allen gemeinsamen Aktivitäten, auch wenn Ihnen jeder Verdacht zunächst unbegründet erscheinen mag.

Vor einiger Zeit traf ich einen langjährigen Bekannten, der mir von einer Investition in ein neues, vielversprechendes Unternehmen erzählte, die er vor kurzem getätigt hatte. Er war sich ganz sicher, binnen kurzer Zeit einen enormen Gewinn zu machen. Doch während er sprach, kam mir plötzlich das Gefühl, die ganze Sache sei von Negativität umgeben. Eigentlich hatte ich erwartet, daß er mich nach meiner Meinung fragen würde. Aber die schien ihn nicht zu interessieren. Er hatte tatsächlich niemanden um Rat gefragt und sich einfach auf gut Glück auf dieses Geschäft eingelassen. Nach einem Jahr hörte ich, daß die Sache schiefgegangen war und er ca. 65.000,- Dollar verloren hatte. Die Firma war in Konkurs gegangen — einen jener Konkurse, an denen sich ein Teil der Unternehmensleitung zu bereichern pflegt. Ich bedauerte sehr, daß mein Bekannter niemanden um Rat gefragt hatte und so um sein Geld gebracht worden war. Ich habe ihm nie davon erzählt, daß ich Betrug voraussah, denn im nachhinein hätte ihm das wenig genützt.

Ich kenne eine Sensitive, die behauptet, von Zeit zu Zeit Menschen in Begleitung des Teufels zu sehen oder Menschen, in deren Gegenwart sie eine Präsenz diabolischer Kräfte spüre. Sie ist sich ganz sicher, daß ihre Gefühle berechtigt sind, und verläßt sich voll und ganz auf ihr Gespür. Es hat sich schon oft gezeigt, daß Menschen, die sie in Begleitung diabolischer Mächte sah, in illegale oder kriminelle Angelegenheiten verwickelt waren.

Letzendlich ist nicht das ausschlaggebend, was wir sehen, sondern das, was wir daraus ableiten: Wenn Sie im Zusammenhang mit einer Person oder Sache eine negative Schwingung wahrnehmen, die Farbe Schwarz etwa, oder eine diabolische Erscheinung, dann fassen Sie das als Warnung auf. Sie beschließen, sich in acht zu nehmen oder die betreffende Person oder Situation zu meiden. Zumindest erscheint es Ihnen ratsam, nähere Erkundigungen über diesen Menschen oder dieses Angebot einzuholen, bevor Sie weitere Schritte unternehmen.

So schließen wir auch, daß eine Lebenslinie, die stark im Sinken begriffen ist, von einer Lebenskrise zeugt und eine sinkende Lebenslinie, die plötzlich endet, den Tod ankündigt. Genauso naheliegend erscheint es, daß eine steigende Linie eine gute, aktive, expansive Phase im Leben eines Menschen anzeigt. Eine Lebenslinie mit ausgeprägter Wellenbewegung läßt auf stärkere emotionale Schwankungen schließen. So werden auch bestimmte psychische Störungen angezeigt, manische Depression etwa. Chronische Depression äußert sich hingegen oft in einem kontinuierlichen Abwärtsverlauf. Lebenslinien können wirklich sehr starke Schwankungen aufweisen. Einer meiner Klienten hatte eine besonders auffällige zickzackförmige Lebenslinie. Es ging rauf, runter, rauf, runter, ohne Ende. Seine Frau und seine Mutter bestätigten, daß er extremen Gefühlsschwankungen unterworfen sei. Mal war er sehr nett und angenehm, dann wieder verhielt er sich seltsam gereizt.

Ob jemand als verhaltensgestört einzustufen ist oder nicht, können wir als Sensitive nicht beurteilen. Uns fehlt das entsprechende medizinische Fachwissen, und wir sollten diese Frage den Experten überlassen. Es kann natürlich sein, daß Sie in einem Reading ziemlich eindeutige Hinweise auf das Vorliegen einer psychischen Störung erhalten. Ist das der Fall, so gilt es, Ihren Klienten auf besonders schonende und feinfühlige Weise hiervon in Kenntnis zu setzen. Wie bei allen heiklen Themen empfiehlt es sich, das Problem zunächst zu umschreiben. Sie können z.B. sagen, Sie sähen einiges an emotionalen Krisen, Phasen der Traurigkeit, der Zerrissenheit, viele Höhe und Tiefen oder was immer Ihnen besonders auffällt. Es kommt dann auf die Reaktion Ihres Gegenübers an, ob es möglich ist, offen über eine eventuelle psychische Störung zu sprechen und gemeinsam Schritte zu überlegen, die er/sie in der Folge unternehmen könnte.

Das Gefühlsleben eines Menschen spielt vor allem in seinen Beziehungen eine große Rolle. Voraussetzung für das Gelingen einer Beziehung ist, daß die beiden Partner gut zusammenpassen. Ein junges Paar, das zu heiraten beabsichtigte, wollte in einem gemeinsamen Reading – was eher unüblich ist – Auskunft darüber haben, ob sie als Lebenspartner harmonieren würden. Ich sah nur wenige Berührungspunkte in ihren Lebenslinien und große Abstände dazwischen. Es gab also wenig Gemeinsames, und die beiden würden aller Voraussicht nach nur kurze Perioden wirklicher Zusammengehörigkeit erleben. Ich sagte ihnen, ich sähe Zeiten der Nähe, die jedoch oft nur von kurzer Dauer wären, und sie würden mit einigen Schwierigkeiten zu kämpfen haben. Sie entschlossen sich trotzdem zu heiraten. Wie ich vorhergesehen hatte, stellte sie das Zusammenleben vor ziemliche Probleme, die durch ihr mangelndes Zusammengehörigkeitsgefühl noch verstärkt wurden. Sie denken gegenwärtig an Scheidung. – Hätte ich sie eindringlicher warnen sollen? Ich glaube nicht, daß das unsere Aufgabe ist. Wir sollten unseren Klienten die Wahrheit sagen, d.h. wir sollten das, was wir sehen, weder beschönigen noch verheimlichen; aber entscheiden müssen sie selbst. Daher halte ich gute Ratschläge oder Warnungen in der Regel für unangebracht; es sei denn, Ihr Klient bittet Sie um einen Rat.

In einem anderen Beziehungsreading zeigte sich ein Herz, das bis auf einen kleinen Bereich lebendig und kraftvoll wirkte. Ein solches Herzsymbol zeigt sich in der Regel bei Paaren, die eine Menge gemeinsamer Interessen haben und sich nur in wenigen Punkten unterscheiden. Bei einem zweiten Paar, zeigte sich ein anderes Bild: ein Herz, dem knapp die Hälfte fehlte. Der Schluß liegt nahe, daß dieses Paar weit weniger gemeinsam hat und einiges an Konflikten in seiner Ehe austragen wird.

Als Hellsichtige/r werden Sie natürlich auch hier und da hinter die Kulissen Ihrer eigenen Beziehung schauen. Oft werden Sie einfach spüren, was läuft, und dabei z.T. auch auf böse Überraschungen stoßen. So erging es einer jungen Frau, die damals schon um ihre intuitiven Fähigkeiten wußte und mittlerweile ihr Talent als Sensitive erkannt hat. Sie war seit vier Jahren mit einem Mann zusammen, und alles deutete auf Heirat hin. Plötzlich begann ihr Freund allerdings, sich zurückzuziehen. Er behauptete, sie bilde sich das nur ein, sie aber spürte, daß etwas nicht in Ordnung war; obwohl sie nicht sagen konnte, was es war. Eines Abends läutete das Telefon, und ihre Mutter, mit der sie zusammenlebte, nahm den Anruf entgegen. Sie konnte dem Gespräch nur bruchstückhaft folgen, da sie sich in einem Nebenzimmer aufhielt. Plötzlich hörte sie ihre Mutter antworten: »Das ist ihr egal« und wußte sofort, was gemeint war. Ihr Freund hatte sich in eine andere Frau verliebt und wollte sie heiraten. Dieser Gedanke war ihr blitzartig gekommen.

Als sie ihre Mutter fragte, worum es sich gehandelt habe, bekam sie eben die Antwort, die sie vorhergesehen hatte: John, ihr Freund, würde heiraten. Als sie erwiderte, das wisse sie bereits, war ihre Mutter natürlich erstaunt. Sie wußte auch, daß die Heiratsanzeige in der Abendzeitung zu finden sein würde. Sie ging in den Garten, um die Zeitung zu holen. Sie hatte recht. Was sie nicht vorausgesehen hatte: Der Termin dieser Hochzeit fiel auf ihren Geburtstag.

Soviel zu Readings in Beziehungsangelegenheiten. Sensitive Zukunftsgestaltung ist eine weiteres wichtiges Gebiet, auf dem Sie Ihre Fähigkeiten nutzen können. Wie Sie gesehen haben, ist es möglich, bestehende und zukünftige Beziehungen positiv zu beeinflussen und entsprechend den eigenen Wünschen und Vorstellungen zu gestalten. Wenn Sie sensitiv auf Ihren gegenwärtigen oder zukünftigen Partner einwirken wollen, sollten Sie das jedoch besser für sich behalten. Vor allem dann, wenn er/sie von diesen Dingen nichts versteht oder ihnen mit Ablehnung begegnen könnte.

Wenn Sie Ihre Klienten beraten, tun Sie das mit dem nötigen Einfühlungsvermögen. Sie werden mit der Zeit ein gutes Gespür dafür entwickeln, wie Sie auch die heikelsten Dinge auf schonende Art und Weise ansprechen können, ohne Ihre Klienten zu verletzen oder vor den Kopf zu stoßen. Denken Sie daran: Verschweigen oder Beschönigen ist keine gute Lösung, auch wenn Sie glauben, dadurch Ihrem Klienten etwas ersparen zu können.

Wenn Sie den dargestellten Techniken und Anregungen folgen, werden Sie ungemein davon profitieren. Es wird Ihnen immer leichter fallen, Ihr Leben und Ihre Beziehungen nach Ihren Wünschen und Bedürfnissen auszurichten, und sich von all dem zu lösen, was Sie bisher als lästig, einschränkend, schmerzlich, quälend oder unbefriedigend empfunden haben.

Mit Hilfe dieser Techniken lernen Sie, Ihre seherischen Fähigkeiten zu entfalten und erfolgreich anzuwenden. Sie sind einfacher und wirkungsvoller als alles, was je auf diesem Gebiet verfügbar war. Nutzen Sie die Chance!

SCHLUSSWORT

Mit Hilfe der beschriebenen Techniken ist es uns möglich, in das Leben eines Menschen Einblick zu nehmen. Anhand der Bilder, die sich uns in einem Reading zeigen, erhalten wir Aufschluß über die Vergangenheit, die Gegenwart und die Zukunft des Betreffenden. Wir erhalten Informationen zu den verschiedensten Themenbereichen und können unseren Klienten dementsprechende Auskünfte erteilen. Gesundheit, Finanzen, gegenwärtige und zukünftige Beziehungen, Informationen über Freunde und Verwandte, über geschäftliche Angelegenheiten und über vieles mehr – all das kann in einem Reading gesehen werden.

Wir können dieses Material auf verschiedene Weise nutzen, z.B. zu unserer persönlichen Information, zur Verbesserung unserer Lebensumstände oder als Entscheidungshilfe. Wenn wir gelernt haben, wie wir uns an der Gestaltung unserer Zukunft beteiligen können, wird es uns auch leichtfallen, in unserem Leben das zu verwirklichen, was wir gerne erreichen würden – einfach, indem wir die entsprechenden Bilder neben unsere Zukunftslinie setzen und uns vorstellen, wie all das in unserer Zukunft Wirklichkeit wird.

Wenn wir uns mit diesen Dingen beschäftigen, so tun wir das letztendlich, um Einblick in die tieferen Zusammenhänge der menschlichen Existenz zu erlangen, um unser Leben und das Leben anderer besser zu verstehen. Das gibt uns auch die Chance, das Leben anders zu sehen als bisher, uns ihm ganz zuzuwenden und es zu bejahen. So, und nur so, wird es uns möglich, unser Potential voll zu entfalten.

Kraft unserer sensitiven Fähigkeiten sind wir in der Lage zu wählen. Es liegt an uns, ein erfülltes und reiches Leben zu wählen – zu unserem eigenen Wohl und zum Wohl aller Beteiligten.

Mögen die vorgestellten Techniken und Methoden immer und ausschließlich zu positiven Zwecken eingesetzt werden!

Anhang

Bildmaterial

Die folgenden graphischen Darstellungen sollen Ihnen einen weiteren Eindruck vermitteln, wie die Bilder, denen Sie in einem Reading begegnen, in etwa aussehen. Die Illustrationen sind nur verständlich, wenn man sie im Zusammenhang mit den Erläuterungen zu den einzelnen Techniken und inhaltlichen Schwerpunkten des Readings betrachtet. Sie illustrieren verschiedene Phänomene, von denen im Text die Rede ist.

Achtung

Die in einem Reading empfangenen Bilder können die Diagnose und/oder Behandlung durch einen erfahrenen Psychotherapeuten oder Mediziner nicht ersetzen.

Lebenslinien

Abbildung 1: Lebenslinie eines Menschen, der starken emotionalen Schwankungen unterworfen ist.

Abbildung 2: Lebenslinie eines Menschen, der dem Leben mit Interessenlosigkeit begegnet und dementsprechend zur Passivität neigt.

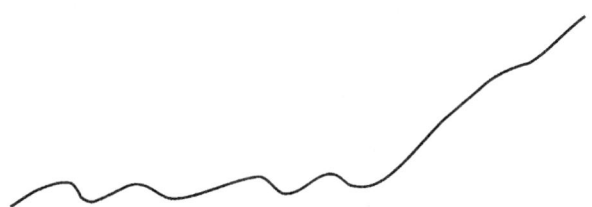

Abbildung 3: Lebenslinie eines Menschen, der einigen Schwankungen unterworfen war, dessen Leben sich aber in näherer Zukunft sehr zum Positiven wandeln wird.

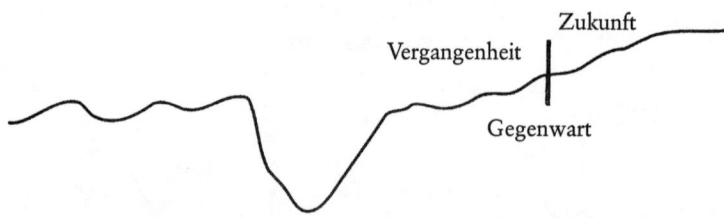

Abbildung 4: Lebenslinie eines emotional veranlagten, doch im Grunde genommen stabilen Menschen, der in der Vergangenheit eine starke Krise durchlebt hat, sich aber jetzt in einer Phase des Aufschwungs befindet. Der Aufwärtstrend wird sich auch in der näheren Zukunft fortsetzen.

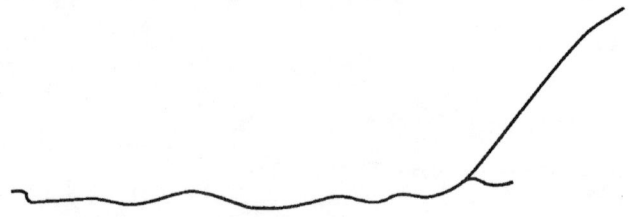

Abbildung 5: Lebenslinie eines Kleinbetriebes. Zunächst gehen die Geschäfte, abgesehen von einigen kleineren Schwankungen, ziemlich normal. Dann erfolgt ein bedeutender Aufschwung. Die kleine Nebenlinie steht für einen Zweig dieses Betriebes, der demnächst stillgelegt wird.

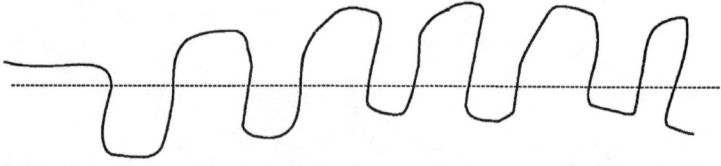

Abbildung 6: Lebenslinie eines Menschen mit extremen Gefühlsschwankungen. Die gestrichelte Linie wurde eingezeichnet, um optisch hervorzuheben, wie ausgeprägt die Höhen und Tiefen sind.

Partnerschaft

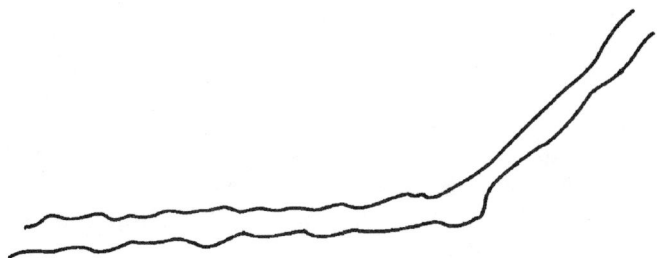

Abbildung 7: Lebenslinien zweier Partner, deren Beziehung sehr harmonisch verläuft und in nächster Zeit einen zusätzlichen Aufschwung nehmen wird. Die beiden sehen einer besonders glücklichen Phase entgegen.

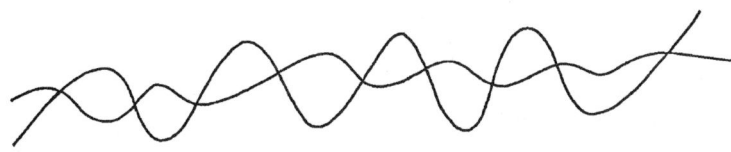

Abbildung 8: Lebenslinien zweier Partner, die nur wenig gemein haben. Nur gelegentlich stellt sich das Gefühl der Nähe ein. Größtenteils lebt jeder sein eigenes Leben.

Abbildung 9: Herzsymbol eines Paares, das sehr gut zusammenpaßt und eine äußerst harmonische Beziehung führt. Im Reading zeigt sich dementsprechend ein fast vollständig gefülltes Herz. Nur ein kleiner Teil fehlt zur Vollkommenheit.

Abbildung 10: Herzsymbol, wie es sich bei Paaren zeigt, deren Beziehung weniger harmonisch verläuft und in der Regel beide Teile unbefriedigt läßt. Im Reading zeigt sich nur ein Teil des Herzens, im abgebildeten Fall nur eine Hälfte.

Abbildung 11: Lebenslinien zweier Partner, deren Gefühlsleben ziemlich unterschiedlich ist. Der eine ist eher ausgeglichen, der andere ziemlichen emotionalen Schwankungen unterworfen.

Weitere Lebenslinien

Abbildung 12: Lebenslinie eines älteren, gebrechlichen Mannes, dessen Gesundheitszustand sich zusehends verschlechtert. Es besteht keine Aussicht auf Besserung. Wie Sie sehen, endet die Lebenslinie in absehbarer Zukunft, was auf den bevorstehenden Tod des Betreffenden schließen läßt.

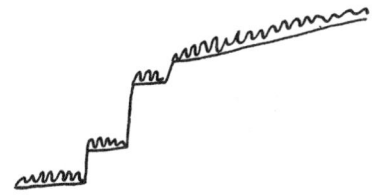

Abbildung 13: Lebenslinie, die einen wiederholten sprunghaften Aufstieg im Leben des Betreffenden anzeigt. Daß es sich dabei um finanzielle Erfolge handelt, wird durch entsprechende Bilder oder Zusätze angezeigt – etwa, wie hier angedeutet, durch Gras, das auf den Stufen wächst.

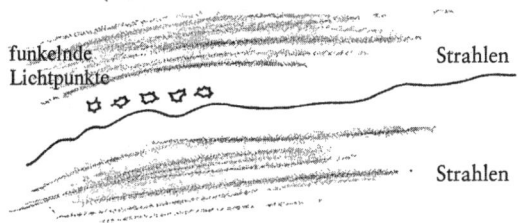

funkelnde
Lichtpunkte

Strahlen

Strahlen

Abbildung 14: Lebenslinie eines Menschen, der sich in seiner Vergangenheit intensiv mit spirituellen bzw. religiösen Dingen beschäftigt hat.

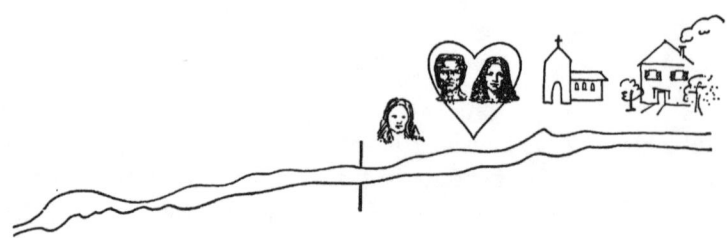

Abbildung 15: Lebenslinie eines jungen Mannes, der einer rosigen Zukunft entgegenblickt: Er lernt demnächst eine Frau kennen, mit der er eine echte Herzensbindung eingehen wird. Die beiden heiraten wenig später und beziehen bald darauf ein gemeinsames Heim.

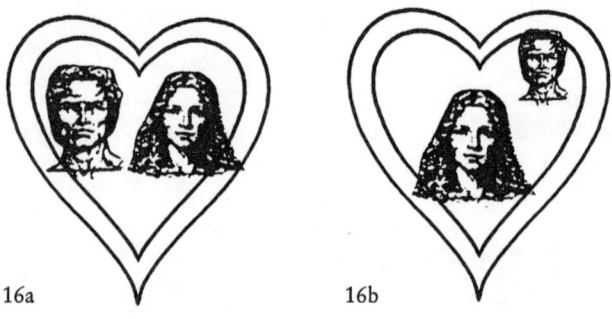

16a   16b

Abbildung 16: Herzrahmen, wie er sich in einem Beziehungsreading zeigen kann.
a) Dieses Paar ist sich sehr nahe; man spürt aber auch, daß beide sich eine gewisse Unabhängigkeit bewahrt haben.
b) Dieses Paar hat nicht viel Gemeinsames. Sie scheinen getrennte Wege zu gehen.

Abbildung 17: Beispiel einer Lebenslinie mit Parallellinie. Parallellinien zeigen an, daß ein Mensch zwei – oder mehrere – Hauptinteressen in seinem Leben verfolgt.

Abbildung 18: Lebenslinie mit zwei Nebenlinien. Die Nebenlinien beziehen sich auf kürzerfristige Interessen, denen sich der Betreffende nur vorübergehend zuwendet.

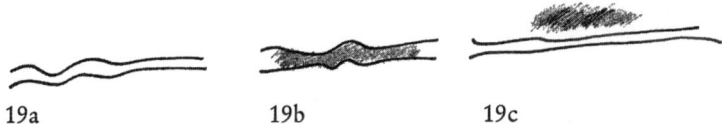

19a   19b   19c

Abbildung 19: Lebenslinien werden im Reading vor einem schwarzen Hintergrund visualisiert und zeigen sich als helle, klare Linien, sofern sie nicht verfärbt sind.

a) strahlend helle Linie   b) gelblich gefärbte Linie

c) Schwarz tritt in Verbindung mit einer Lebenslinie auf, wenn der Betreffende von Negativität umgeben ist, dunkle Absichten hegt oder mit Menschen oder Angelegenheiten zu tun hat, von denen eine negative Schwingung ausgeht.

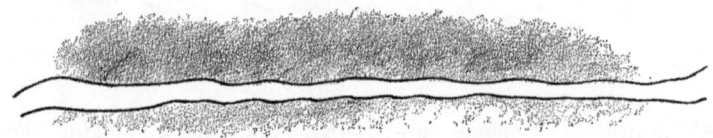

Abbildung 20: Ein roter Hintergrund zeigt eine ernste, mitunter auch lebensbedrohliche Krankheit an.

Abbildung 21: Lebenslinie eines Menschen, der durch einen elektrischen Schlag ums Leben kam. Die Lebenslinie zeigte sich in einem Reading, das einem Angehörigen des Betreffenden gegeben wurde.

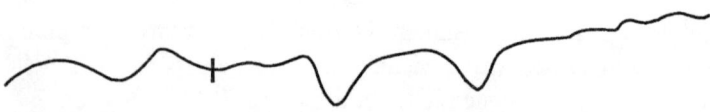

Abbildung 22: Lebenslinie eines Mannes mit ausgeprägten Gefühlsschwankungen, der in näherer Zukunft zwei emotionale Krisen durchleben wird.

»Body scan« im Rahmen eines Gesundheitsreadings

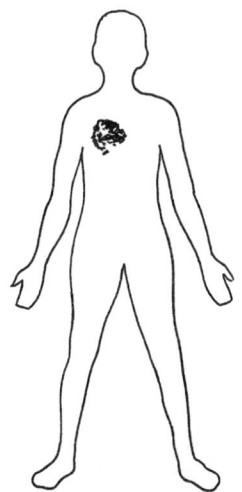 

Abbildung 23: Der schwarze Fleck im Brustbereich weist auf eine frühere Gesundheitsstörung hin, die jetzt abgeklungen ist.

Abbildung 24: Dieses Körperbild ist wie von einem roten Netz durchzogen. Es handelt sich z.B. um eine massive Durchblutungsstörung, um eine Überreizung des Nervensystems oder um eine jener Infektionskrankheiten, die sich auf den gesamten Organismus auswirken.

Achtung

Die in einem Gesundheitsreading medial empfangenen Bilder können – auch in der Form des *body scans* – eine medizinische Untersuchung und Diagnose nicht ersetzen und sollten niemals Anlaß zu einer medikamentösen Selbstbehandlung geben. Nur medizinisch geschulte Fachleute sind befugt und in der Lage, Krankheiten zu diagnostizieren und zu behandeln.

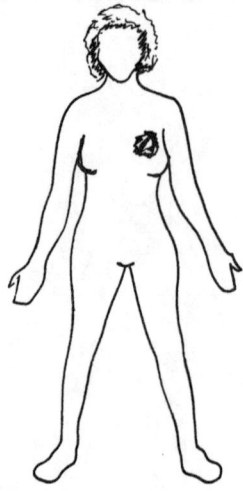 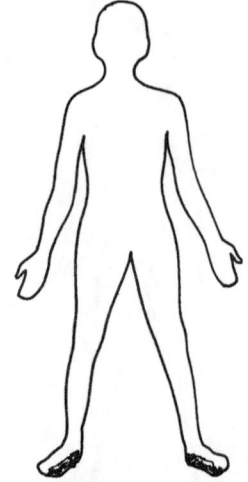

Abbildung 25: Die in der linken Brust dieser Klientin auf-
tretende gelbe Stelle weist auf
eine chronische, möglicherweise gutartige Erkrankung
hin.

Abbildung 26: Die geröteten
Fußsohlen deuten darauf hin,
daß dieser Klient unter starken Fußschmerzen leidet.

Achtung

Der *body scan* ist ein Bestandteil des Readings. Er ist jedoch
kein Ersatz für eine medizinische Untersuchung oder Behandlung. (Siehe auch vorhergehende Seite.)

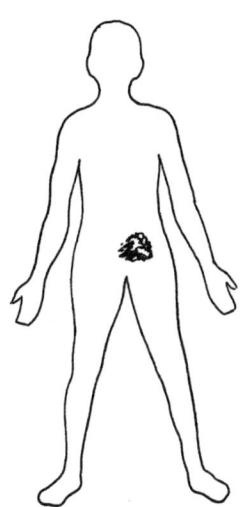 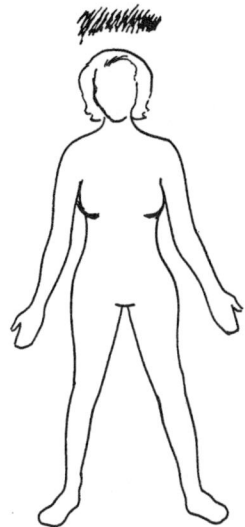

Abbildung 27: Im Unterleib zeigt sich ein roter Fleck, ein Hinweis auf einen akuten Krankheitsherd.

Abbildung 28: Oberhalb des Kopfes ist ein roter Bereich zu sehen, der etwa auf eine Kopfverletzung oder eine Gehirnerschütterung, aber auch auf geistige Verwirrung zurückzuführen sein kann.

Achtung

Der *body scan* ist ein Bestandteil des Readings. Er ist jedoch kein Ersatz für eine medizinische Untersuchung oder Behandlung. (Siehe auch vorhergehende Seite.)

Verlag Hermann Bauer · Freiburg im Breisgau

Margaret Rogers

Reise in unbekannte Welten

Mediale Fähigkeiten entwickeln und anwenden

2. Auflage, 235 Seiten mit 6 s/w-Abb., gebunden
ISBN 3-7626-0389-8

Dieses Buch beschreibt Welten, die jenseits dessen liegen, was unsere fünf Sinne wahrnehmen. Es sind die Welten, die eine Seele zwischen zahlreichen Verkörperungen durchwandert, bis sie schließlich in die Einheit zurückkehren kann. Zugleich schildert die Autorin in lebhafter Form alle Möglichkeiten, die wir als Menschen haben, um mit diesen Ebenen Verbindung aufzunehmen.

Voraussetzung ist die Entwicklung und Anwendung der eigenen medialen Fähigkeiten im Alltag. Hierzu vermittelt das Buch eine Vielzahl von speziellen Meditationsübungen, die Schritt für Schritt zu dem dafür notwendigen erweiterten Bewußtsein führen. Der Leser lernt, wie man die Macht der Gedanken nützt, wie man mit positiven und negativen Kräften richtig umgeht, wie man sich vor dunklen Kräften schützen kann und wie man Kontakt mit Schutzgeistern aufnimmt. Die Autorin macht auch ausführlich mit den Regeln vertraut, deren Befolgung die praktische Ausübung von Channeling möglich macht.

Margaret Rogers beschreibt als erfahrenes Medium nicht nur detailliert die Hintergründe, die zum Verständnis medialer Phänomene gehören, sondern geht auch umfassend auf die Praxis dieser Phänomene ein. Daher ist dieses Buch ein wichtiger Ratgeber und eine wirksame Hilfe für alle, die ihre medialen Fähigkeiten entwickeln und anwenden wollen.

Verlag Hermann Bauer · Freiburg im Breisgau

Verlag Hermann Bauer · Freiburg im Breisgau

Ted Andrews

Die Aura sehen und lesen

180 Seiten mit 52 s/w-Zeichn., kart.; ISBN 3-7626-0477-0

»Jeder kann die Aura sehen und lesen.« Dies behauptet Ted Andrews. In seinem Übungsbuch zeigt er jedem, wie das geht. Es ist methodisch und didaktisch bestens durchdacht, so daß die Übungen – allein und/oder mit einem Partner – gleich in die Praxis umgesetzt werden können. Wer die Anweisungen befolgt, beginnt ein faszinierendes Abenteuer und findet Zugang in eine neue Welt des Geistes und der Seele.
Bald können Sie selbst feststellen, wie Sie sensibler werden für sich und andere. Andrews zeigt, wie jeder von uns feinstoffliche Energien, Farben und Störungen in der Aura wahrnehmen kann. Sie lernen, die Aura zu messen, sie mit Pendel und Wünschelrute zu untersuchen, die Farben zu interpretieren, Gesundheitsaspekte zu erkennen und schließlich, wie Sie Ihre eigene Aura stärken und schützen können.
Wenn Sie lernen, die Aura zu sehen und zu lesen, erweitern Sie die ungeheuren Gaben, die in Ihrem Inneren verborgen liegen – die Lebenskraft selbst. Anfängern ermöglicht das Buch eine gründliche Ausbildung, und auch langjährige Praktiker werden noch das eine oder andere daraus lernen.

Verlag Hermann Bauer · Freiburg im Breisgau

Verlag Hermann Bauer · Freiburg im Breisgau

Vivienne Berry, Rea Byers & Henry Roux de Bézieux

Ein Kurs im Channeln

Durch NLP in Verbindung mit den geistigen Lehrern

150 Seiten, kart.; ISBN 3-7626-0478-3

Ein internationales Autorenteam ist dem faszinierenden Phänomen des Channelns auf die Spur gekommen. Es interviewte acht als Channel, als »Kanal« arbeitende Menschen aus drei Kontinenten und fragte: Wie stellt man den Kontakt zu geistigen Lehrern her? Wie läuft ein Channeling ab? Kann es jeder? Gibt es dabei einen bestimmten Ablauf, hilfreiche Regeln und Strategien? Die Antworten werden anhand einfacher NLP-Techniken zu einem Modell des Channelns.

Das NLP (Neurolinguistisches Programmieren) hat einen triumphalen Einzug in viele Bereiche gehalten: von der Medizin und Psychotherapie über Sport, Pädagogik bis ins Management. Sachkundig erschließen Ihnen die Autoren – zwei von ihnen sind NLP-Trainer, die dritte NLP-Practitioner und weltbekannter Channel – den geheimnisvollen Prozeß des Channelns.

Werfen Sie einen Blick hinter die Kulissen des Channelns! Nehmen Sie teil an den beglückenden Erfahrungen, die einige der Channels machten, nachdem sie sich den spirituellen Dimensionen öffneten. Schritt für Schritt untersucht das Autorenteam, was bei dieser Öffnung zu beachten ist, um ein klarer Channel zu werden. *Ein Kurs im Channeln* bietet hierzu Einsichten, Wissenswertes und vor allem praktische Hilfe an.

Verlag Hermann Bauer · Freiburg im Breisgau

Die neuen Dimensionen des Bewußtseins

esotera
seit vier Jahrzehnten das führende
Magazin für Esoterik und Grenzwis-
senschaften: Jeden Monat auf 100
Seiten aktuelle Reportagen, Hinter-
grundberichte und Interviews über
Neues Denken und Handeln
Der Wertewandel zu einem erfüllteren,
sinnvollen Leben in einer neuen Zeit.
Esoterische Lebenshilfen
Uralte und hochmoderne Methoden,
sich von innen heraus grundlegend
positiv zu verändern.
Ganzheitliche Gesundheit
Das neue, höhere Verständnis von
Krankheit und den Wegen zur Heilung
– und vieles andere.

Außerdem: ständig viele aktuelle
Kurzinformationen über **Tatsachen die
das Weltbild wandeln.** Sachkundige
Rezensionen in den Rubriken **Bücher,
Klangraum, Film und Video**
sowie **Alternative Angebote.** Im
Kursbuch viele Seiten Kleinanzeigen
über einschlägige **Veranstaltungen,
Kurse und Seminare** in
Deutschland, Österreich, der Schweiz
und im ferneren Ausland.

esotera erscheint monatlich.
Probeheft kostenlos bei Ihrem
Buchhändler oder direkt vom Verlag
Hermann Bauer KG, Postfach 167,
79001 Freiburg